VOLUME II

PROMETEU

ALCESTE

VOLUME I

CHRISTOPHER MARLOWE

A TRÁGICA HISTÓRIA DO DOUTOR FAUSTO

DIDO,
A RAINHA DE CARTAGO

VOLUME II

ÉSQUILO

PROMETEU

EURÍPIDES

ALCESTE

VOLUME III

WILLIAM SHAKESPEARE

RICARDO III

VOLUME IV

PLAUTO

HÉRCULES

EURÍPIDES

HÉRCULES

SÓFOCLES

HÉRCULES

ÉSQUILO E EURÍPIDES

VOLUME II

PROMETEU

ALCESTE

ADAPTAÇÃO
LUIZ ANTONIO AGUIAR

ILUSTRAÇÕES
MARCELO PIMENTEL

4ª EDIÇÃO
RIO DE JANEIRO
2022

DIFEL

Capa e projeto gráfico: Silvana Mattievich
Ilustração de capa: Rui de Oliveira

Coordenação editorial e suplementos: Veio Libri

Editoração: DFL

2022
Impresso no Brasil
Printed in Brazil

CIP-Brasil. Catalogação na fonte
Sindicato Nacional dos Editores de Livros – RJ

A227p
4ª ed.

Aguiar, Luiz Antonio, 1955-
Prometeu/Ésquilo; Alceste/Eurípides; adaptação Luiz Antonio Aguiar; ilustrações Marcelo Pimentel.— 4ª ed.— Rio de Janeiro: DIFEL, 2022.
128p.: il. (O mais atual do teatro clássico; v. 2)

Adaptação de: Prometeu/Ésquilo
Adaptação de: Alceste/Eurípides

ISBN 978-85-7432-092-2

1. Literatura infanto-juvenil. I. Ésquilo. Prometeu. II. Eurípides. Alceste. III. Pimentel, Marcelo. IV. Título. V. Série.

08-5511

CDD – 028.5
CDU – 087.5

DIFEL – selo editorial da
EDITORA BERTRAND BRASIL LTDA.
Rua Argentina, 171 – 3º andar – São Cristóvão
20921-380 – Rio de Janeiro – RJ
Tel.: (21) 2585-2000

Atendimento e venda direta ao leitor
sac@record.com.br

SUMÁRIO

Apresentação 7

PROMETEU

Introdução: A Guerra dos Deuses 13

Personagens/Tempo/Localização 17

PROMETEU 19

Posfácio 57

ALCESTE

Introdução: O Reino dos Mortos 61

Personagens/Tempo/Localização 65

ALCESTE 67

Posfácio 119

Para Discussão e Aprofundamento 123

APRESENTAÇÃO

A coleção O MAIS ATUAL DO TEATRO CLÁSSICO traz algumas das melhores peças já escritas de autores que se tornaram modelos universais das artes dramáticas, com textos adaptados, de modo a torná-los mais acessíveis aos leitores de hoje. Nesta primeira série de três volumes, o tema é *Amor e Imortalidade*.

As peças escolhidas para este volume estão entre as mais destacadas da *tragédia* grega, das que chegaram até nosso tempo: *Prometeu*,[1] de Ésquilo, e *Alceste*, de Eurípides. Ambas estrearam em Atenas no século V a.C., em meio ao período no qual foi produzida a maior parte das obras de arte que tornaram a Grécia a primeira das referências estéticas da nossa cultura.

O século V a.C. ficou conhecido como o *Século de Péricles*, governante ateniense que se tornou o ícone da *democracia grega* e das reformas sociais. Mas também do arquiteto Fídias, que construiu o Partenon, o templo em honra à deusa Atena, cujas ruínas são admiradas como modelo clássico de harmonia e pureza de linhas, de Sócrates, o fundador da filosofia clássica e, ainda, dos mais proeminentes dramaturgos do teatro grego antigo, e de Heródoto, o *Pai da História*.

O teatro grego teve origem nas festividades em honra ao deus Dionísio.[2] Todo ano, por ocasião da colheita do vinho em Atenas — e também por toda a Grécia —, as *Companheiras de Dionísio* (bacantes) dançavam, bebiam e cantavam por noites seguidas. Nesse estado, dizia-se que *saíam de si*, entravam em *êxtase*, superando a condição humana, e *entravam*

---

1 **Prometeu**: Deus do fogo, da profecia, do conhecimento. Pai da humanidade. Foi acorrentado por ordem de Zeus a uma rocha num ermo perdido e depois libertado por Hércules.

2 **Dionísio**: Na cultura romana, Líber, Liberato ou Baco (daí as *bacantes*, as companheiras ou filhas de Baco). Filho de Zeus e de Semele, que por sua vez era filha de Cadmo, o lendário príncipe fenício, fundador de Tebas, que trouxe o alfabeto para a Grécia. Dionísio era o deus do vinho, da música e da dança — artes que aprendeu diretamente das Musas.

em Dionísio, que então lhes transmitia (o que se denomina *entusiasmo*) acesso à imortalidade, quando a criatura se tornaria capaz de *responder como se fosse outra*, ou seja, tornava-se um *ator*. As peças que concorriam aos festivais dramatúrgicos de Atenas eram representadas no Teatro de Dionísio, cujas ruínas ainda existem, extensas arquibancadas de pedra ao ar livre, no sopé da colina em cujo topo fica a Acrópole, o principal conjunto arquitetônico e centro político da Atenas antiga. Aliás, um dos nomes latinos de Dionísio é *Liberato*, que vai dar tanto na palavra *literatura* quanto na palavra *liberdade*.

Em *Prometeu*, o personagem-título recebe o castigo de Zeus,[3] o Senhor dos Deuses, por ter revelado à humanidade como produzir o fogo — uma imagem que sugere o despertar nos mortais da curiosidade sobre as coisas do mundo, da capacidade de formular perguntas, perseguir respostas e, enfim, de construir o conhecimento e a civilização. A rebeldia do personagem contra o poder que ninguém ousava desafiar é ainda mais espantosa pelo fato de o deus, ao qual é imposto o maior de todos os suplícios, e por toda a eternidade, ter entre seus poderes o da profecia. Já ao cometer o ato proibido, Prometeu sabia qual seria seu destino. E poderia tê-lo evitado. Não o fez para não deixar a humanidade na obscuridade e na ignorância. Entretanto, Prometeu é o único detentor de um segredo que, se não for revelado a Zeus, acarretará a destruição do Senhor dos Deuses.

Alceste é uma das mais comoventes peças da dramaturgia grega clássica. Ela é a jovem mulher do rei Admeto. Quando se anuncia a morte de seu esposo, Alceste se oferece para morrer em seu lugar. Ela é levada então para o Reino dos Mortos, e Admeto se consome em dor, mas também em arrependimento, por ter aceitado o sacrifício de Alceste. É aí que o maior de todos os heróis da Grécia mitológica, Héracles[4] (ou Hércules), amigo de Admeto, surge para desafiar o grande horror dos gregos: a morte.

Cada texto é precedido de uma introdução sobre a história que está ao fundo, subentendida na peça: os mitos gregos. Para o público original de

---

3 **Zeus**: O Senhor do Olimpo, Deus dos Deuses. Era o mais temido entre os deuses.

4 **Héracles, Hércules**: Filho de Zeus e Alcmena. Ao morrer, vítima de uma armadilha de Hera, Zeus fez dele um deus do Olimpo.

Prometeu e de *Alceste*, a guerra entre os deuses que deu início à Criação do Universo e às apavorantes imagens do Reino dos Mortos eram correntes em sua cultura e cotidiano, numa tradição que vinha das obras de Homero[5] e Hesíodo,[6] poetas gregos do século VIII a.C., aproximadamente, mas também de outras fontes. Para nós, conhecer os aspectos desse mundo fantástico significa poder participar plenamente das peças e receber em cheio o impacto dramático dessas obras que tanto impressionam a humanidade há sete séculos.

Em seguida ao texto de cada peça, há um comentário contendo informações sobre o autor e outros esclarecimentos. Ao final de cada volume, temos um breve glossário e também uma seção de sugestões de temas interessantes, relativos às obras, para aprofundamento e discussão.

Uma obra clássica é um tesouro que venceu a barreira do tempo, as diferenças de culturas e de idiomas, que se reproduziu e popularizou em traduções e adaptações, tornando-se parte do patrimônio cultural da humanidade. E sempre mantendo sua força, um mistério vivo capaz de seduzir e intrigar quem o descobre. É uma obra que transforma pessoas, épocas e o próprio mundo, cuja *antiguidade* se torna um estímulo para *novas* visões de mundo. É uma viagem no tempo, na diversidade da consciência e da imaginação humanas. Essa é a experiência que a coleção O Mais Atual do Teatro Clássico busca oferecer aos leitores.

---

5 **Homero**: Poeta grego, viveu provavelmente no século VIII a.C. Sua existência é, às vezes, posta em dúvida. Segundo a tradição, ele seria originário da Ásia Menor (atual Turquia), embora de procedência grega. A tradição o retrata como um cego que, de cidade em cidade, ia declamando seus versos (que não deixou por escrito e os quais teria composto em grego arcaico, um idioma anterior ao grego clássico). Ele teria composto a *Ilíada* (narrando a Guerra de Troia) e a *Odisseia* (a saga de Odisseu ou Ulisses em seu atribulado retorno ao lar depois da Guerra de Troia), além de outros poemas que não chegaram até nós.
6 **Hesíodo**: Poeta grego, viveu provavelmente no século VIII a.C. e compôs a *Teogonia*, poema que conta a criação do Universo.

PROMETEU

PROMETEU

INTRODUÇÃO

A GUERRA DOS DEUSES

Quando a ação de Prometeu se inicia, um novo senhor ocupa o trono dos deuses: Zeus. Ele é o criador do Universo, o que fez o tempo começar a andar, aquele que isolou os monstros nos abismos infernais, permitindo à Terra, que também criara, tornar-se o berço propício para o nascimento da espécie humana. Mas, além disso, é um deus caprichoso e vingativo. Sua truculência foi, aliás, o principal atributo de que se valeu para chegar ao poder.

No princípio, tudo o que existia eram dois deuses originais: Urano e Gaia. Ele era o Céu; ela, a Terra-Mãe, ansiosa por conceber. Mas o Universo ainda não existia. Tudo era vazio e escuridão, e era assim que Urano queria que permanecesse, para que nada fugisse ao seu controle tirânico. Assim, ele aprisionou os seus filhos no ventre de Gaia, até que um deles, Cronos,[7] foi solto pela mãe. Munido de uma foice, dada a ele por

---

7 Cronos: O Deus Antigo, aquele que acorrentava o tempo, não deixando que ele começasse a passar. Pai de Zeus, que o destronou e o substituiu como Senhor do Universo.

Gaia, Cronos cortou os testículos de Urano e exilou-o no Reino do Esquecimento.

Mas, antes de partir, Urano lançou uma profecia contra Cronos — um filho dele, seguindo seu exemplo, também o destronaria. Essa foi a primeira de uma sequência de profecias que mais pareciam maldições sobre aqueles que ousassem tomar para si o poder que pertencia aos pais e que iriam pesar sobre toda a história dos deuses.

Para evitar o cumprimento da profecia de Urano, Cronos, casado com Rhea, adotou o procedimento de devorar todos os seus filhos, mal nasciam. E também ele não permitiu que se iniciasse a criação do Universo, pretendendo reinar para sempre sobre as trevas e o Nada.

Cronos e Rhea tiveram cinco filhos, e ela entregou todos a Cronos, que os engoliu. Mas quando deu à luz o sexto, Zeus, resolveu salvá-lo. Então, envolveu uma pedra em mantas de recém-nascido e entregou-a a Cronos, que a engoliu, pensando ser o bebê. Zeus cresceu, sendo mantido oculto numa caverna sob os cuidados da cabra Amalteia, que o amamentou. Já um jovem adulto, com a ajuda de Rhea, fez Cronos beber uma poção sob o efeito da qual o Deus Antigo vomitou os cinco irmãos de Zeus: os deuses Hades[8] e Poseidon e as deusas Héstia, Deméter[9] e Hera,[10] a qual viria a se casar com Zeus. Eles se tornariam a primeira geração das divindades do Olimpo.[11] Sob o comando de Zeus, organizaram os inimigos de Cronos e iniciou-se, então, a grande guerra dos deuses.

Zeus e os seus aliados seriam vitoriosos, e Cronos, lançado ao Reino do Esquecimento para fazer companhia a seu pai, Urano. Antes, porém, também ele profetizou que um filho do Novo Senhor dos Deuses o derrubaria do trono.

---

8 Hades: Irmão de Zeus, senhor do Reino dos Mortos. Também se usa como nome do submundo que o deus governava — a morada eterna dos espíritos de todos dos mortos.

9 Deméter: Irmã de Zeus, deusa da fertilidade da terra e da agricultura. Mãe de Perséfone.

10 Hera: Esposa de Zeus. Deusa do casamento e do lar. Como quase sempre nas histórias ela aparece perseguindo algum herói, filho bastardo de Zeus, não passa uma imagem muito simpática. No entanto, era uma deusa muito querida das mulheres gregas, principalmente as casadas, e cultuada nos lares.

11 Olimpo: Morada dos deuses. O Olimpo é, de fato, uma montanha, a mais alta da Grécia, com 2.980 metros. Fica entre a Tessália e a Macedônia. É onde ficava a corte de Zeus e dos deuses mais poderosos.

Essa foi a Guerra dos Deuses, tantas vezes mencionada por Prometeu em suas falas. Prometeu era neto de Urano e, portanto, parente de Zeus. Além de servir como seu conselheiro com suas profecias, em algumas versões Prometeu seria aquele que criaria o ser humano a partir do limo. Mas, exorbitando nas suas atribuições, roubou o fogo dos céus, o mesmo que dava poder aos raios de Zeus, para concluir sua obra. Com isso, deu-lhe a inteligência, mas sofreu a ira do novo Senhor do Universo.

Na abertura da peça,[12] Prometeu é acorrentado a uma rocha, localizada num ermo perdido do mundo. É essa a sentença de Zeus contra ele e, sendo Prometeu imortal, deveria durar por toda a eternidade. Só que o castigo não dobra Prometeu. Ele ameaça o Senhor do Olimpo, anunciando que sabe com quem e em quais circunstâncias Zeus conceberia aquele que o destruiria, mas que não revelaria nada se não fosse libertado.

Torna-se uma obsessão para Zeus descobrir o segredo. A futura mãe podia estar entre as deusas do Olimpo, mas também entre as muitas criaturas sagradas e até mesmo mortais que ele costumava seduzir ou violentar. Para ódio de Hera, Zeus era incorrigível em suas aventuras extraconjugais. Estava, portanto, condenado previamente por sua incapacidade de resistir ao seus impulsos sexuais e a tripudiar sobre os outros seres.

Vaidosos, sedentos de homenagens por parte dos mortais e, acima de tudo, zelosos de sua condição superior — eram os Imortais! — e de seu poder, os deuses da mitologia grega eram capazes de engendrar requintadas punições contra aqueles que lhes desagradavam. Em passionalidade, portanto, não ficavam devendo nada aos mortais. E Zeus, o Deus dos Deuses, era o mais passional e, consequentemente, ao lado de seu papel fundamental na criação do Universo e da humanidade, o mais tirânico deles todos.

---

12 Trata-se de uma *Tragédia*, o gênero clássico do teatro grego. Na expressão, está a palavra grega *tragos*, que quer dizer *bode*, e *oide* (ode), que quer dizer *canto*. Pode tanto ser uma alusão aos participantes da festa de Dionísio, os *homens-bodes*, quanto ao bode que era sacrificado em homenagem ao deus. Dionísio assumiu em alguns mitos a figura do bode. O bode sagrado ou *expiatório* era imolado para a purificação dos pecados de uma cidade, assim como Aristóteles (384 a.C.-322 a.C.), em sua *Poética*, assinalou que a reação de espanto e horror das plateias teria um efeito didático e purificador.

PERSONAGENS/TEMPO/ LOCALIZAÇÃO

PROMETEU

HEFESTO[13]

PODER

FORÇA

NINFAS[14] DO OCEANO

CORIFEU

OCEANO[15]

IO

HERMES[16]

A ação se passa na Cítia, um extremo remoto do mundo conhecido, apenas acessível aos deuses. Trata-se de uma região deserta da atual Rússia, de cujas montanhas se pode avistar o mar Negro.
No tempo mitológico, a peça ocorre após a criação do Universo, quando a humanidade iniciava a civilização.

---

13 Hefesto: Filho de Zeus e Hera, ferreiro dos deuses, deus do fogo e dos vulcões. Hera, num de seus acessos de ciúmes, para vingar-se de Zeus (ou, em outra versão, porque o filho nasceu feio, de expressões grosseiras), o atirou do alto do Olimpo, e ele, ao cair na terra, ficou manco. Apesar de filho legítimo do matrimônio de Zeus e Hera, não habitava o Olimpo. Zeus, para compensar sua feiura, lhe deu Afrodite, a deusa da beleza e do amor, em casamento. As traições de Afrodite infernizavam a vida de Hefesto.

14 Ninfas: Divindades femininas menores, ligadas aos elementos e objetos da natureza, como florestas, rios, mares e montanhas. Eram todas muito lindas e permaneciam sempre jovens, embora nem todas fossem imortais.

15 Oceano: Filho de Urano e Gaia. É um deus antigo, anterior ao domínio de Poseidon sobre os mares.

16 Hermes: Filho de Zeus e de Maia, filha de Atlas. Era o mensageiro dos deuses, deus da eloquência, aquele que inventou a lira, com a qual os poetas entoavam seus versos. Era também deus dos comerciantes, dos ladrões e, em algumas tradições, o encarregado de guiar os espíritos dos mortos até a entrada do Hades.

PROMETEU

[Rochedos da Cítia, um dos extremos perdidos do mundo. Entram *Poder*, *Violência*, *Hefesto* e *Prometeu*. Poder e Violência vêm arrastando Prometeu. Hefesto entra mancando, carregando as correntes que usará em breve e seus instrumentos de trabalho.]

PODER

Olhem só onde viemos parar! Não dá para acreditar! Aqui acaba o mundo! Nenhuma criatura humana vive por estes lados. Na verdade, nem os deuses querem esta terra. E somente eles conseguem chegar até aqui. Que lugar! Mas você, Hefesto, não pode ficar pensando nisso! Não pode sentir culpa pelo que vai fazer. Você recebeu ordens do deus dos deuses! De Zeus, o senhor do Universo! E Zeus ordena que Prometeu seja acorrentado a estas rochas para toda a vida. Esta é a sua tarefa, Hefesto, ferreiro dos deuses! E não pense em desobedecê-la. Afinal, há uma razão para este castigo. Prometeu roubou o fogo dos deuses e o entregou aos mortais. E do fogo nasceram todas as artes, e o conhecimento, e a inteligência. Com o fogo os mortais se julgarão iguais aos deuses, pois, como os deuses, poderão criar! Este foi o medonho crime de Prometeu. Foi nisso que deu esse amor dele pelos seres inferiores. É por isso que sofrerá o pior dos suplícios!

HEFESTO

É fácil para você falar em deixar de lado a consciência! Fácil demais para você, Poder, e para você, Violência... A tarefa que Zeus deu a vocês dois acaba aqui. Já trouxeram Prometeu. Agora, sou eu quem deve acorrentá-lo para o resto da eternidade a esta rocha. Aqui, ele ficará exposto às tempestades e à fúria dos raios do sol. E também, aqui, Prometeu, você vai descobrir o quanto pode ser absoluta a solidão. Aqui, conhecerá o pior desespero. E, no entanto, devo acorrentá-lo. Devo obedecer às ordens de Zeus, meu pai. Esta rocha será o seu túmulo em vida. Aqui, você ficará para sempre em pé, sem poder dormir, sem beber nem comer. E, como você é um deus, um imortal, nem sequer poderá esperar o alívio da morte. Muito menos o da liberdade. O coração de Zeus nunca perdoa. Principalmente a alguém que distribuiu a muitos o poder que ele queria só para os seus!

PODER

Então, Hefesto! Ande logo! Para que ficar perdendo tempo com estes pensamentos piedosos? Você deveria ter tanto ódio de Prometeu quanto Zeus. Afinal, este que aqui está roubou dos deuses algo que era para eles um privilégio exclusivo!

HEFESTO

Ele é meu parente. Um deus como eu. E meu amigo.

PODER

E por que você pensa que Zeus escolheu você para a tarefa? Ele deseja que aqueles que hesitam pensem um pouco no que sofrerão se desobedecerem às ordens dele.

HEFESTO

Então, me diga, já que esta é a sua especialidade... O poder nunca terá piedade nem escrúpulos? Terá em mente apenas os seus objetivos, custe o que custar?

PODER

Sim, o poder quer se estabelecer e se manter. E mais nada. Para o poder, nada vale mais do que sê-lo e exercê-lo. Nada do que tiver de fazer para conseguir esse objetivo o levará a questionar-se, principalmente em se tratando do poder dos deuses. Agora, faça o seu trabalho e chega de conversa!

HEFESTO

Meu trabalho... Se soubesse como estou detestando o meu ofício de ferreiro.

PODER

Ora, que engraçado! O seu ofício não causou a condenação de Prometeu.

HEFESTO

Zeus, eu suplico! Dê esta tarefa a outra divindade!

PODER

Zeus não fará isso! Ele já deu suas ordens. E a todos cabe obedecê-las. Ele é o único ser livre entre os deuses e os mortais!

HEFESTO

Então, só me resta submeter-me.

PODER

Isso mesmo. Até que enfim você entendeu. Anda! Isso, assim... faça seu trabalho!

HEFESTO

Calma! Já estou passando as correntes! O que você quer mais de mim?

PODER

Vim fiscalizar o cumprimento da tarefa. Aperte bem essas correntes. Faça com que Prometeu se sinta como se estivesse cravado na rocha!

HEFESTO

Assim seja!

PODER

Ainda não! Bata mais nos cravos! Aperte mais! Prometeu é o mais habilidoso dos deuses. Conhece artes mágicas, segredos. Pode muito bem arrumar um jeito de soltar-se de suas cadeias!

HEFESTO

Estou batendo! Estou batendo!

PODER

Os pulsos! Não se esqueça de prender direito os pulsos deste rebelde!

HEFESTO

Estão presos! Como se fossem parte da própria rocha! Ele não terá nenhum movimento nem do corpo, nem das pernas, nem dos braços.

PODER

Não deve haver nenhuma folga! Prenda direito os braços! Ele é o deus dos feitos impossíveis, não se esqueça disso! Nem do que acontecerá a você, se ele escapar daqui!

HEFESTO

Já prendi os braços dele! Acabou-se!

PODER

Não! Não finja que não sabe o que tem de fazer! Falta ainda o cravo maior, que você deve fincar atravessando o peito de Prometeu e se enfiando firmemente na pedra! Faça isso agora!

HEFESTO

Coitado de você, Prometeu! Quanto sofrimento! E pobre de mim, que não posso expressar toda a revolta que me causa ter de fazer este trabalho.

PODER

Aí está você, de novo, com essa piedade por um inimigo de Zeus. Cuidado, Hefesto. Um dia poderá chegar a sua vez de sofrer!

HEFESTO

Mas nenhum par de olhos no mundo deveria ver uma cena dessas, tão horrenda!

PODER

Ele está sendo castigado por sua ousadia! Quem pensava que era, afinal? Maior do que Zeus? Agora, finque cravos em suas mãos e pés para que qualquer movimento rasgue suas carnes, e o sal dos mares, trazido pelo vento, venha fazer arder suas feridas!

HEFESTO

Como todo este horror pode sair da sua boca?

PODER

Da mesma maneira como sai das suas mãos o trabalho feito! Não me censure por estar sendo exigente no cumprimento da minha tarefa. Mais exigente ainda é aquele que vai cobrar de mim que ela tenha sido bem executada.

HEFESTO

Está feito. Sim, para meu desgosto e para sempre. Está feito... Tudo consumado!

PODER

Pronto, Prometeu! Olhem só para ele... Onde está a sua coragem, agora, para insultar os deuses? Por que não vai pedir ajuda aos mortais? Será que essas frágeis criaturas o ajudarão a se livrar de seu martírio? Jamais, Prometeu! Adeus, condenado! Sofra! Sofra muito, e para sempre! Adeus!

[Saem Poder, Violência e Hefesto.]

PROMETEU

Ah, me escutem...!

Escutem minha história, o céu sagrado e os ventos dotados de vida e movimento... Me escutem os rios, suas águas, as ondas que sorriem diante do tempo... E a Terra, mãe de todos os seres, e também o Sol, que tudo vê. Peço a todos que me escutem! Vejam quanto sofrimento, eu, um deus, recebo como castigo de outros deuses. Saibam que sofrerei este suplício por milhares de anos, condenado que fui pelo Novo Senhor dos Imortais! Sim, ouçam meus gemidos... Ouçam! Esta dor eu a sofrerei por muitos e muitos séculos. Até quando? Até quando?...

[Alguns momentos de silêncio. Então, Prometeu ergue a cabeça, cheio de dignidade, reanimado.]

Mas que pergunta idiota? Logo eu fazê-la? O futuro não tem segredos para mim. Eu o conheço. Eu o vejo. Nada me acontecerá sem que eu já esteja sabendo. Eu sempre soube...

Aconteceu certo dia... Roubei a semente do fogo e a escondi dentro do oco de uma árvore. Foi este fogo que entreguei à espécie humana. O fogo serviu para lhe despertar seu espírito. Do fogo, tirariam todas as artes e conhecimentos. Era o que Zeus não queria. Queria mantê-los bestiais, analfabetos, grosseiros. O que eu fiz foi uma afronta a Zeus, e por isso sofro este castigo.

E saibam todos os que me veem aqui penando... saibam do que eu sei, porque, como já disse, conheço o futuro. Muito mais sofrimento ainda me espera. Zeus, o dono de todo o poder, a criatura mais poderosa do planeta, não vai se saciar com este bocado de dor que me impôs. Há mais ainda. Há muito mais!

Mas... que perfume é este que sinto, chegando ao meu nariz? Será que algum deus está vindo a este fim de mundo para contemplar meu castigo? ... Ouço também canto de pássaros! E o ruído de asas! Não, isso não! Por piedade! O rumor de asas é o que mais me apavora! Vocês não entendem, não podem ainda entender por quê. Mas esse bater de asas é todo o meu terror! Não!

[Grita aos céus.]

Não chegou ainda a hora do meu tormento maior! Não!!

[Desce dos céus uma carruagem alada trazendo as Ninfas do oceano. Elas se colocam num rochedo muito próximo àquele onde está preso Prometeu. As Ninfas comporão o coro[17] da peça.]

CORO DE NINFAS

Prometeu, calma. As asas que nos trouxeram não são suas inimigas. Viemos lhe fazer companhia porque chegou aos nossos ouvidos o ruído do martelo de Hefesto pregando você à pedra. Vencemos o medo que temos de Zeus e o de ver esta cena do horroroso martírio que o Senhor do Olimpo impôs a você. Então, viemos para cá. Prometeu, Prometeu... Como você está sofrendo por conta do amor que tem à humanidade!

PROMETEU

Ah, belíssimas filhas de Tétis[18] e do Oceano, aquele que jamais adormece e que se move para todo o sempre em torno da Terra colossal! Vejam o que fez comigo aquele que é o novo rei de todos os deuses!

NINFAS

Que visão dolorosa! Cada novo senhor, para alardear seu poder, parece inventar inéditos horrores que levem o seu nome aos pesadelos dos seres!

PROMETEU

Mas por que ele não me jogou nas profundezas infernais do Hades, o suplício eterno dos mortos? Ou mais longe ainda, no Tártaro,[19] a escuri-

---

17 Coro: Conjunto de atores que interfere nas peças, representando o povo — os espectadores — ou multidões. Podem cantar ou declamar, reagir à cena, dar conselhos aos personagens ou fazer comentários diretos para o público, dando informações complementares ao que está acontecendo. Em algumas peças, ele se divide, formando os subcoros.

18 Tétis: Têm esse nome tanto a esposa de Oceano, de quem nasceram os rios, como a filha de Nereu, mãe de Aquiles, a ninfa destinada a ter um *filho mais poderoso do que o pai*. Zeus a desejou, mas, alertado pela profecia de Prometeu, não a possuiu. Tétis uniu-se a Peleu, dando à luz o herói Aquiles.

19 Tártaro: Região do inferno onde estão exilados os deuses antigos e os inimigos dos deuses olímpicos, como os Titãs, ou os que os tenham ofendido ou desagradado, submetidos a suplícios eternos.

dão mais profunda e desolada? Por que me expôs à visão dos deuses, transformando em espetáculo minha agonia? Por que me deixou aqui só para se divertir com cada pontada da minha dor?

NINFAS

Você deve imaginar por quê, Prometeu. Zeus não tem interesse em destruir, nem rápida nem discretamente, alguém como você, que o desafiou. Ele quer transformar sua tortura numa intimidação sobre todo o Universo. Mas que deus seria tão cruel assim? Com poderíamos acreditar nisso se não estivéssemos vendo com nossos próprios olhos? Como qualquer um acreditaria? Ora, Zeus não deveria ser o senhor também da magnanimidade? Mas... a generosidade de Zeus é reservada apenas aos que se prostram de rosto no chão e o adoram, e cantam em sua homenagem e lhe oferecem os sacrifícios que ele determine. Será este, então, nosso senhor celestial? Se for assim, aquele que se apoderou do trono de Cronos reinará por meio do medo e do espanto, da ameaça de destruição, do temor de que o fogo dos céus caia sobre aquele que lhe desagradar!... Pelo menos até que um outro poder lhe derrote.

PROMETEU

Então, ouçam todos a minha profecia... Este dia há de chegar! Já o vejo, já o conheço. E mesmo aqui, esmagado e humilhado, eu juro... O Senhor dos Imortais terá de vir recorrer a mim, se quiser desvendar seu destino. Mas nunca... nunca lhe direi qual será o deus que vai depô-lo do trono, nem quando, nem em que situação isso ocorrerá. Nunca lhe revelarei o segredo, a não ser que ele quebre estas correntes, me liberte e me permita viver como quiser minha vida!

NINFAS

Prometeu, senhor das eternidades! Nós admiramos a sua coragem, mesmo numa situação como esta em que você se encontra. Mas o coração de Zeus não conhece o perdão! Assim, tememos que essa sua altivez só vá trazer a você ainda mais sofrimentos!

PROMETEU

Vocês têm razão, belíssimas ninfas das águas! Mas podem acreditar em mim. Zeus virá pedir a minha ajuda, um dia, para saber quem é aquele que está destinado a destruí-lo.

NINFAS

[Aterrorizadas.]

Chega, chega! Não faça mais ameaças contra aquele que pode destruir o mundo muitas vezes e que dá tanta importância a que todos vivam o tempo conscientes disso. Diga a nós, Prometeu, qual foi o crime que você cometeu para receber um castigo desses?

PROMETEU

Na luta de Zeus contra Cronos, seu pai, se Zeus triunfou, se conseguiu lançar, nas profundezas das trevas do Tártaro, o cruel Cronos, que até então devorara todos os seus filhos e não permitira ao tempo que seguisse caminho, foi em muito por força dos conselhos que lhe dei. Ajudei Zeus a conquistar o trono supremo dos deuses e do Universo, sendo eu próprio um deus, como ele. Mas aconteceu que olhei aquela raça de brutos sobre a Terra e pretendi que tivessem inteligência, espírito, poder de criar... Então, dei a eles o fogo, que era propriedade exclusiva dos deuses, e com este a espécie humana terá a chance de realizar grandes obras. Por isso, Zeus enfureceu-se comigo e aqui estou, em desgraça!

NINFAS

Pobre de você, Prometeu! Pobre de você! Mas este foi o seu crime? Só isso?

PROMETEU

Acham pouco? Graças a mim, os homens se apegaram à vida. Alguns, pelo conhecimento, até mesmo perderam o medo da morte. E inventaram a dignidade, a liberdade e tantos outros valores. Compreendem o que isso significa em relação ao poder absoluto pretendido por Zeus?

NINFAS

Quer dizer que eles não vagam mais pela Terra com a mente obscurecida? Que não são mais apenas dominados pelos seus instintos, como os animais, mas que contemplam o firmamento, agora, acima deles, e imaginam como poderão alcançá-lo, seja em atos, palavras ou sonhos?

PROMETEU

Isso mesmo! O fogo se acendeu em seus espíritos. Eles escreverão livros, conhecerão os astros, descobrirão segredos da criação!

NINFAS

E o que pode ter Zeus contra isso? Se os imortais já gozam de todas essas belezas, por que não os humanos?

PROMETEU

Zeus pretende que o Universo seja sempre interpretado segundo seus caprichos. E não suportaria se algum mortal, um dia, se perguntasse: "Mas quem é mesmo este que nos domina?" Zeus sabe que, nesse dia, o poder dos deuses começará a desabar!

NINFAS

Prometeu, quem sabe seja a humildade a atitude mais certa para você? Quem sabe assim Zeus o liberte e esqueça o que ele considera como ofensas?

PROMETEU

Mas que conselho fácil para quem não está sofrendo o que eu sofro... Seja gentil! Sorria! Louve a face de Zeus estampada nos céus! Claro... Ah, moças, vocês não entenderam? Eu prevejo o futuro! Sei de tudo o que vai acontecer e também previ este meu martírio. Mas quis cometer este meu *crime* para evitar um crime maior. Como poderia deixar a humanidade perder a chance de construir seu próprio futuro? Como poderia minha consciência garantir minha salvação a esse preço? Meu crime foi deliberado e consciente. E agora que vocês sabem disso irão me abandonar?

NINFAS

De jeito nenhum, Prometeu. Pelo contrário, vamos nos aproximar ainda mais de você e, como pudermos, o consolaremos. Mas, olhe... É nosso pai que vem chegando.

[As Ninfas descem para junto de Prometeu e chega a carruagem alada de Oceano puxada por um grifo.[20]]

OCEANO

Salve, meu irmão Prometeu! Depois de percorrer países imensos puxado por este monstro alado, que não tem freio e me leva independentemente da minha vontade, finalmente consegui chegar até aqui para me colocar ao seu lado. Diga-me, Prometeu, o que posso fazer para ajudá-lo?

---

20 Grifo: Mito de procedência egípcia, provavelmente era um animal com muitas representações. Numa delas, teria cabeça, cauda e garras de dragão, asas e corpo de águia gigante. Não era malévolo, normalmente, e estava associado com segredos que os deuses guardavam nas alturas celestiais. Conta-se que Alexandre, o Grande, tendo cruzado com um grifo em suas campanhas guerreiras, cavalgou-o numa viagem de dias pelos céus.

PROMETEU

E você não sabe?

[Ri.]

Pede a mim, nesta condição desgraçada em que me encontro, para ajudar você... a me ajudar! Mas que curioso. Será que você veio até esta rocha erma realmente para me prestar auxílio ou para assistir ao espetáculo da minha tortura? Porque tenho certeza de que você e todos os demais deuses sabem muito bem o que deve ser feito! Devem derrubar aquele que eu ajudei a subir ao trono!

OCEANO

Prometeu, Prometeu... Que grande ingênuo você é. Ouça, então, a ajuda que eu me disponho a dar a você. Ou, antes, um conselho... Os mares ouvem muitos murmúrios, até mesmo restos de conversas dos deuses. Um castigo ainda pior do que este que você está sofrendo lhe será dado, se você não segurar essa sua língua rebelde. Controle-se, infeliz, para não sofrer o que criatura nenhuma jamais sofreu. E aja de um jeito que sua postura desperte a piedade de Zeus para conseguir o perdão dele. Seja humilde! Seja esperto! De que vale toda a sua inteligência sem um pouco de ardil para lhe dar um sentido prático?

PROMETEU

Sim, sentido prático, esperteza... Disso você entende bem. Pode me dar aulas, claro, porque participou, como eu, da revolta contra Zeus, e, no entanto, aí está, livre, com sua carne imortal intacta. Então, não perca mais seu tempo com este derrotado. Cuide-se... Zeus pode desconfiar das suas razões para ter vindo até aqui, por menor que seja a ajuda que você, de fato, se disponha a me dar.

OCEANO

[Preocupado. Olhando para o alto, o rosto enviesado.]

Ora, mas se pretendo ir eu mesmo a Zeus e pedir a ele que perdoe você, Prometeu. Você vai ver, vou conseguir a sua liberdade!

PROMETEU

[Sarcástico.]

Mas... Muito obrigado! Nunca mais me esquecerei desse seu favor. Sim, vá! Faça Zeus ouvir sua consciência! Claro que, como você já sabe, será um esforço inútil. Mas, pelo menos, você ficará em paz consigo mesmo, não é? Pelo menos poderá dizer: "Eu tentei!" Sim... Enquanto isto, meu irmão Atlas[21] sustenta nos ombros a coluna descomunal que separa os céus da Terra. Enquanto isso, Tifão,[22] meu horrendo irmão de cem cabeças que sozinho desafiou todos os deuses, a começar por Zeus, e que o teria derrotado, em combate legítimo, se outras divindades não tivessem vindo em socorro de seu senhor, foi pulverizado pelo relâmpago daquele que se acha o mais divino dos deuses. Suas estranhas foram despedaçadas e seu cadáver, hoje, está exposto no fundo do mar, junto ao pé submerso do vulcão Etna. Vai embora, então, Oceano. Mesmo com a sua esperteza, você já está se arriscando demais se aproximando de mim. Zeus vai ficar nervoso ao ver que passamos tanto tempo conversando.

OCEANO

[Sobressaltado.]

Vou embora, então. E, quem sabe, se eu esperar um pouco e aguardar o momento oportuno, quando a cólera de Zeus diminuir, boas palavras conseguirão abrir o seu coração. Afinal, o inteligente que se faz de tolo muitas vezes consegue o que quer!

PROMETEU

Sim, é claro! E não se apresse por minha causa!

---

21 Atlas: Um dos Titãs, que se aliaram a seu irmão, Cronos, na Guerra dos Deuses. Derrotados, Zeus os exilou no Tártaro. Atlas teve um castigo especial. Foi encarregado de sustentar a abóbada celeste por toda a eternidade e impedi-la de tocar a terra e os mares.

22 Tifão: Gigante que gerou o Leão de Nemeia, morto por Hércules, e vários outros monstros da mitologia grega. Grande inimigo de Zeus, quase o derrotou na Guerra dos Deuses. Há tradições que o descrevem como tendo cem cabeças e número equivalente de braços e pernas.

OCEANO

Tem certeza, então? Você quer que eu vá embora? Que volte para os meus domínios líquidos?

PROMETEU

Sim, quero. Não aguento o sofrimento de assistir você sofrer tanto só por me ver! Leve daqui o seu horror e sua culpa. E também o seu medo. Eles não me servem de nada e me perturbam ainda mais. Não se lembre de mim, nem me veja quando olhar a si mesmo no espelho. Não se deixe sonhar que haja tomado o meu lugar. Você está seguro, vá!

OCEANO

Se é assim... Bem, o monstruoso grifo que me conduz já está batendo as asas. Não queria partir, mas é ele quem decide o meu destino. Eu vou...!

PROMETEU

Sim, vá. Estou vendo, sem dúvida, que um monstro é quem decide o seu destino, caro Oceano. Não resista, vá! Vá!

[A carruagem de Oceano, puxada pelo grifo, abandona a cena voando. As Ninfas começam a cantar.]

NINFAS

Prometeu! Pobre Prometeu! Choramos por você, Prometeu! Pelo teu sofrimento! Pela perda das honrarias que você possuía! Que terrível sermos governados por um senhor-deus que tudo pode, enquanto contra ele nada se pode! E assim é. Ele é aquele que faz chover fogo dos céus e que se julga dono de toda a justiça! Choramos por você, Prometeu! Todas as nações e todos os povos sagrados da Ásia partilham do teu castigo. E também as Amazonas,[23] as invencíveis mulheres guerreiras que habitam a Cólquida. E as tribos citas, guerreiros brutais, armados de lanças. E os

---

23 **Amazonas**: Mulheres guerreiras que habitavam uma região na costa do mar Negro, hoje englobada pela Turquia. As lendas relatam que elas matavam os filhos homens.

povos fiéis de todas as arábias. E Atlas, seu irmão titã, que geme enlouquecido de dor por sustentar sobre os ombros a abóbada celestial. As ondas que aqui chegam vêm depositar junto a você o pranto que trazem das profundezas. As fontes sagradas da Terra murmuram. Os ventos lamentam-se. E até das trevas do reino de Hades os mortos se indignam com a prepotência de Zeus.

PROMETEU

Não estranhem, belíssimas Ninfas, se fico em silêncio enquanto vocês relatam a lista dos que me prestam solidariedade. Não pensem que é soberba ou que dentro de mim me pergunte por que, então, tantos protestos da alma não vêm à tona, já que só isso bastaria para abalar as bases do trono do tirano.

[Pausa. Ruflar alto de asas. Corta a cena um guincho agudo de ave. Prometeu e as Ninfas, assustados, olham para cima. Procuram nos céus.]

Não, não é hora ainda... O tormento de asas e bico cortante, aquele que mais temo não virá agora!... Calma todas! Calma!

[Voltando-se para as Ninfas.]

Mas o que acabei de dizer quanto àqueles que se revoltam diante do meu martírio? Meu sofrimento e minha indignação me enlouquecem, e eu me volto contra as vítimas daquele que nos oprime a todos. Isso não! Saibam que tenho orgulho das obras que pratiquei, mesmo que tenham me trazido a este ponto. No princípio de tudo, os seres humanos tinham olhos, mas não enxergavam. Ouviam, mas não entendiam. Eram como os fantasmas que vemos nos pesadelos, viviam em balbúrdia total, não sabiam como fabricar tijolos nem como trabalhar a madeira. Não podiam então construir casas, nem ferramentas, eram como insetos do chão, vivendo em tocas cavadas no barro. Não sabiam distinguir o inverno da primavera; portanto, não semeavam, nem colhiam. Catavam o que encontrassem pela frente. E, principalmente, não tinham a capacidade do raciocínio. Foi então que eu lhes chamei a atenção para as curiosidades dos céus, para o nascimento e o ocaso dos astros, para as diferenças entre os variados brilhos da noite, para a imensidão e os seus mistérios. Nasceram daí as primeiras indagações e lhes ensinei a arte dos números e a de reunir as letras em palavras dotadas de espírito para poderem buscar as respostas pelas quais já então ansiavam. Ensinei-os a viajar na própria memória, a dominá-la, a ir, voltar, fixar-se, resgatar uma informação, trazê-la de volta... Nada disso, que hoje fazem quase sem sentir, surgiu por acaso. Depois lhes ensinei a domesticar os animais para os trabalhos pesados, a construir embarcações — e assim se estenderam também pelos mares. Enfim, abri para eles as portas da civilização. E, se eu ainda precisava de tal lição de humildade, o mais irônico é que este que tantos prodígios praticou não é capaz de descobrir um meio de libertar a si mesmo.

[Adianta-se uma Ninfa no papel de *corifeu*.[24]]

CORIFEU

O pior castigo que se pode dar a um médico é lhe aplicar um mal do qual ele desconhece a cura! Você está sendo humilhado, Prometeu. Entenda isto!

PROMETEU

Então, vou espantar vocês mais ainda com o restante das minhas obras. Que os céus ouçam! Não renego nada do que fiz! Que Zeus me escute falar delas com todo o meu orgulho!

Deslumbrantes Ninfas, quando cheguei entre os mortais, não havia remédios para os doentes, nem comiam alimentos substanciosos, e eram as mais frágeis criaturas diante da fome predadora da morte. Mas ensinei

24 Corifeu: Mestre do coro, aquele que se adianta e fala em nome do coro nas tragédias gregas.

a eles a misturar frutos da terra, elaborando poções que combatiam as doenças. Também lhes ensinei, nas noites sem lua, as práticas das artes mágicas, a leitura dos sonhos, a compreensão dos presságios e dos sinais espalhados pelo caminho das pessoas. E as mensagens escritas pelo voo das aves de rapina, e, de modo geral, a compreensão da vida e dos costumes de todos os animais. Eu lhes ensinei a olhar nas entranhas desses animais, quando mortos em sacrifício, e escutar os murmúrios da vesícula e do fígado extraídos deles ainda brilhosos, pulsantes e quentes, em busca de revelações sobre o destino. Eu os fiz prestar atenção na dança das chamas e ali buscar conhecimento, assim como arar a terra e dela arrancar o cobre, o ferro, a prata e o ouro. Enfim, os humanos me devem todas as suas artes, e eu faria tudo... tudo, ó Zeus... Eu faria tudo de novo!

CORIFEU

Cuidado, Prometeu! Desafiar Zeus só vai fazer o seu castigo ainda mais penoso.

PROMETEU

Expondo meu sofrimento aqui para celebrar seu poder, para mostrar que tudo pode, me usando dessa maneira para tentar extirpar de todo o Universo a rebeldia... Esse é o pior dos castigos que ele poderia me dar!

CORIFEU

Talvez o pior dos castigos, mas não o pior dos tormentos. A mente de Zeus supera-se, sempre!

PROMETEU

E as Parcas[25] comandam o destino, superando a nós todos, até mesmo o meu poder de adivinhar o futuro!

25 Parcas: Cloto, Láquesis e Átropos. Moravam no Hades. Fiandeiras eternas, a mais velha, Átropos, é aquela que corta o fio da vida, quando bem entende, decretando a morte da pessoa.

CORIFEU

As Parcas, então, comandam até mesmo o destino dos deuses?

PROMETEU

Sim, sem dúvida.

CORIFEU

E o de Zeus?

PROMETEU

Até mesmo o dele! O destino de Zeus está sendo fiado na roca das Parcas.

CORIFEU

[Falando para a plateia:]

Pobre Prometeu, então, que conhece o destino de Zeus. Imaginem o quanto o Senhor dos Deuses não estará desesperado para descobrir o segredo que Prometeu guarda!

PROMETEU

Mas ele não conhecerá este segredo. Não enquanto me mantiver aqui como seu prisioneiro.

CORIFEU

Então, o destino de Zeus não é permanecer no Trono do Olimpo por toda a eternidade?

PROMETEU

Não adianta me perguntar nada sobre isso! Mas estou dizendo que, um dia, meus tormentos terão fim e um deus virá me libertar, mesmo contrariando a vontade de Zeus!

CORO DE NINFAS

Queiram os céus que Zeus nunca tenha raiva de nós, nem volte contra nós o fogo que cai do alto e tudo faz explodir no solo. É tão doce passar a vida imortal na segurança mais perfeita, nada vendo de horrível no mundo em volta... Prometeu, pobre Prometeu, pobre deus humano, humano deus! O que adianta agora para você tudo o que fez pelos mortais? Em que eles podem ajudá-lo, nessa aflição em que você se encontra?

[Entra Io, com chifres de novilha na testa. Io muge em agonia.]

IO

Mas que terra é esta aonde vim parar? Quem são essas moças? E esse quase morto, cravado à rocha?

[Ela gira a cabeça, algo revoa em torno dela. Ela muge e dá um tapa no rosto.]

Ai! A mosca do inferno! Me picou novamente! E como dói seu ferrão! Mas por que sou submetida a esse castigo pelo filho de Cronos? Por que me forçar a fugir do tormento que esse inseto me causa com seu ferrão cruel? Por que tenho de caminhar sem rumo e sem parada, sem comer nem beber e sofrendo todos os tormentos? Por que não me queima logo com seus raios ou faz a terra me engolir? Como posso descobrir a maneira de remediar a injúria que pratiquei contra você, meu senhor? Quando se lembrará você de pôr fim aos tormentos da virgem com chifres de novilha?

CORIFEU

Prometeu, você sabe quem é esta jovem?

PROMETEU

Sim, é Io, a filha de Ínaco, por quem Zeus está apaixonado. Para castigá-la, embora ela não tenha nenhuma culpa dos apetites de Zeus, sua esposa, Hera, a obriga a fugir sem descanso de um inseto que a fere.

IO

Você disse o nome do meu pai, Ínaco. Como pode conhecê-lo?

PROMETEU

Não o conheço. Apenas sei.

IO

Então você saberia dizer também o que pode dar fim aos meus sofrimentos? Se sabe, por piedade, me diga! Já não aguento mais. Mesmo que esse descanso seja a morte, eu o prefiro a essa corrida louca, guiada mais pelo inseto do que por mim mesma.

PROMETEU

Eu direi tudo o que sei, como se falasse a um amigo. Sou Prometeu, aquele que deu o fogo aos mortais.

IO

Pelos céus, Prometeu...! O benfeitor da humanidade? E quem pôs você nesse rochedo perdido?

PROMETEU

A ordem de Zeus, a mão de Hefesto...

IO

E que crime você cometeu para receber um castigo desses?

PROMETEU

Já contei essa história toda. E sobre você, o que quer saber?

IO

Você pode me dizer até quando se prolongará esta minha jornada de dor?

PROMETEU

Talvez seja melhor você não saber.

IO

Por piedade! Eu preciso dessa revelação!

PROMETEU

Estou dizendo que a descoberta pode perturbá-la mais do que o desconhecimento.

IO

Mesmo assim! Conte!

CORIFEU

Espere, Prometeu! Antes que você revele o futuro de Io, é justo que todos nós aqui conheçamos o seu passado.

IO

Como não? Vou contar tudo... Mas ainda hesito, constrangida, em revelar por que os deuses se voltaram contra mim. Eu era uma virgem alheia ao mundo, morando na casa do meu pai, quando sonhos pervertidos começaram a invadir meus aposentos noturnos. Eram vozes que me falavam da paixão que fora despertada por mim no maior de todos os deuses. E me aconselhavam a fugir para as campinas de Lerna, onde meu pai cria seus rebanhos, para ali me deitar à espera do Grande Deus. E as vozes falavam da glória que eu desprezava, ao pretender me furtar aos desejos de Zeus e do quanto ele me adorava, não podendo mais comer, nem beber, nem gozar da alegria enquanto não me tivesse.

Acabei contando ao meu pai o que estava acontecendo e ele consultou os oráculos dos deuses em busca de orientação. A resposta que veio das profecias foi terrível. Dizia que, se meu pai não me expulsasse de casa e se não me deixasse por minha própria conta no mundo, uma torrente de relâmpagos desceria dos céus e destruiria nosso reino e nossa raça. Meu pai, embora amargurado, fez o que os deuses exigiam. Mas era tudo mais uma manobra de Zeus para ter a mim, desprotegida.

No instante em que, expulsa, sem mais família nem pátria, atravessei os portões da casa do meu pai, minha mente e minhas formas se alteraram. Minha mente começou a entontecer, em surtos de insanidade e confusão. E estes chifres nasceram em minha cabeça. Além disso, do nada ou dos infernos surgiu essa mosca monstruosa, com seu ferrão picador, que me faz sofrer e sofrer sem conta. Às vezes, nem posso raciocinar. Só consigo pensar em fugir dela, e nessa fuga vim parar aqui, diante de você, Prometeu. Agora, por piedade, me diga qual vai ser o meu destino. E diga tudo, seja franco, por favor, porque não há no mundo nada pior do que uma linguagem dedicada ao engano.

NINFAS

Mas é assim, então, que agem os deuses? Eles podem fazer tudo o que quiserem? E o fazem, sem respeito nem piedade? Tudo para verem atendidos seus caprichos? O poder sobre o fogo que os céus despeja é o que lhes dá tanta prepotência?

PROMETEU

Que resposta querem, belas e ingênuas Ninfas? Olhem para mim, cravado nesta rocha. Vejam a história dessa jovem a quem Zeus desejou e desgraçou, sem nunca a ter tido, e Hera, para não ter de se voltar contra o perpetrador do crime, puniu a vítima. Io foi privada de sua vida e de sua razão porque assim queriam os deuses. O que mais tenho de dizer?

Escutem então o que Hera, a esposa divina de Zeus, prepara contra Io. E você, filha de Ínaco, guarda bem minhas palavras em seu coração sofrido... A sua jornada ainda vai ser muito longa, minha pobre filha. Saia desta terra e caminhe na direção em que nasce o sol. Há de ser um percurso muito, muito longo e você deve evitar esbarrar com muitas tribos e povos hostis, até que chegará à região do Cáucaso, onde tomará o rumo sul e alcançará o Reino das Amazonas. Ali, as guerreiras que não aceitam o poder dos homens acolherão você como amiga e a levarão até os umbrais da Ásia, atravessando o estreito que ganhará o seu nome, o Bósforo.[26]

26 Bósforo: O *Estreito da Novilha*, entre o mar Negro e o mar de Mármara.

IO

[Io muge, aflita.]

Pobre de mim! Que vou fazer em terras tão distantes? E continuarei sempre sofrendo o tormento da loucura e das picadas desse inseto que me persegue?

PROMETEU

Pobre menina! Ainda há coisas assustadoras para você conhecer sobre seu futuro! Tem certeza de que quer saber de tudo?

IO

Para que vou querer viver, então? Não seria melhor me atirar de vez daqui deste rochedo em vez de viver tão longamente minha desgraça?

PROMETEU

E eu, que não posso morrer e a quem um tormento muito maior do que este, que você vê agora, está reservado? E eu que já vejo o meu destino de dor milhares e milhares de anos à frente? E a mim, que só resta esperar até que Zeus seja deposto do trono, da mesma maneira que depôs o seu pai, Cronos!

IO

Como? Zeus deixará de ser o deus dos deuses? E quem vai destroná-lo?

PROMETEU

Ele próprio, e sua insanidade.

IO

Quer dizer que ele, o responsável por toda a minha desgraça, será castigado?

PROMETEU

Será, e com sobras. E justamente porque você é mais uma vítima dele, eu precisava lhe revelar isso!

IO

Mas quem vai fazê-lo sentir o amargor da derrota?

PROMETEU

Ele se unirá a uma mulher. Não direi aqui se é deusa ou mortal. E com ela terá um filho que será mais forte do que ele. Não poderá evitar seu destino a partir do momento em que o conceber.

IO

E nada que Zeus fizer poderá evitar sua queda?

PROMETEU

Nada, a não ser que me liberte dessas correntes. Agora, não tente saber de mais nada sobre esse assunto, para sua própria segurança.

IO

Por favor! Você ainda não me disse qual será o final da minha jornada de dor.

PROMETEU

Então, escolha. Prefere saber quem será meu libertador ou qual será o seu destino?

CORIFEU

Prometeu! Conte, então, a ela o destino que lhe está reservado e a mim revele quem libertará você dessas rochas!

PROMETEU

Bem, que seja! Ouçam, Ninfas, vocês primeiro... Muito antes que o reinado de Zeus chegue ao seu término, meu martírio terá fim. Porque, então, aquele que virá me libertar já terá quebrado essas correntes. Ele é um descendente seu, Io, o maior de todos os heróis, filho de uma de suas filhas, daqui a treze gerações. É tudo o que direi a esse respeito.

Quanto a você, Io, pobre menina sem culpa, depois que você transpuser o estreito que separa os dois continentes, siga sempre rumo ao Oriente, siga em frente até enxergar a planície circundada pela montanha em cujas entranhas está o antro das monstruosas Górgonas.[27] Lá também vivem as Fórcides, três virgens velhas e antigas, três irmãs com a aparência de cisnes, no corpo, mas com cabeça humana, com um único dente e um único olho em comum. Jamais o sol ou a lua viu essas criaturas e, bem mais abaixo de onde habitam, estarão as Górgonas, três irmãs com a cabeça coberta de serpentes, terror de todos os mortais, entre elas a Medusa,[28] a qual ninguém pode olhar de frente sem cair morto e, no mesmo instante, transformado em estátua de pedra. Nessa planície de horrores, mais adiante, você verá grifos de pescoço comprido como palmeiras e bico aguçado, como o das águias. São os cães mudos de Zeus, e você deve fugir deles. Há também uma tribo de guerreiros de um olho só, e você terá que evitar se aproximar deles, chegando então à terra percorrida pelo rio Nilo.

Acompanha este rio, até chegar a uma região onde nascerá uma brilhante civilização, a dos egípcios, e lá você será considerada sagrada, uma deusa benévola entre os mortais, graças a essas suas deformações que tanto a perturbam, hoje. Nesta terra, você receberá outro nome e será a deusa das deusas,[29] a mãe do tempo e da fertilidade, e de você sairão muitos filhos.

---

27 Górgonas: Eram Esteno, Euríale e Medusa. Todas com serpentes na cabeça, mas apenas Medusa tinha o poder de transformar em pedra quem a olhasse. Guardavam uma das entradas para o Reino de Hades.

28 Medusa: Das três Górgonas, Medusa nasceu humana e uma bela mulher. Sacerdotisa de Palas Atena, caiu na sedução de Ares, deus da guerra, e deixou-se possuir dentro do templo da deusa, traindo assim o voto de castidade. Por isso, Atena a transformou num monstro, como suas irmãs, com serpentes lhe crescendo no lugar dos cabelos. Quem a olhasse era transformado em pedra. Foi morta por Perseu, que a ludibriou, fazendo-a mirar a própria face no escudo que Atena lhe emprestara para esse fim. Perseu a decapitou, entregando a cabeça a Atena, que a colocou em seu escudo.

29 Ísis: Deusa que junto com Osíris forma o casal das principais divindades da religião egípcia antiga. A alusão sobre Io, em *Prometeu*, tornando-se uma deusa adorada na região do Nilo, referese claramente a Ísis, que era representada com cabeça de vaca.

NINFAS

É tudo, Prometeu? Io já sabe qual será o desfecho da sua viagem e de todas essas estranhas aventuras que nenhum outro mortal jamais viveu?

PROMETEU

Deixei de contar muita coisa, apesar de ter tempo de sobra para ficar onde estou... Se ela quiser saber de mais algum detalhe, que pergunte. Mas, apenas para mostrar como meus poderes realmente enxergam para além do presente, vou reproduzir para ela um momento de sua jornada até aqui...

Io, escute e comprove... Você passou por uma floresta de carvalhos falantes e, ao atravessá-la, eles a saudavam como a *nova esposa de Zeus*... Esse título a horrorizou e você fugiu dali, sempre perseguida pela mosca monstruosa de Hera... Não foi assim, Io?

[Io balançou a cabeça e emitiu um mugido, repugnada com a lembrança.]

PROMETEU

Agora escute mais sobre o seu futuro, minha garota... Na foz do Nilo, Zeus devolverá a sua razão, mas ele se deitará com você então, saciando-se no seu corpo de virgem, e desse ato nascerá um filho de pele negra, chamado Épafo. Ele será o primeiro a cultivar as margens do Nilo, o que fará brotar ali a majestosa civilização de que falei. Um dia, muitas gerações depois, cinquenta virgens desse povo do Nilo, tentando escapar de um casamento incestuoso imposto por seus primos, fugirão pelo rio, depois pelo mar, e virão dar em Argos.

Aqueles homens, no entanto, obcecados de desejo como o falcão fica enlouquecido pela carne da pomba que vê voar, irão atrás delas. Conseguirão aprisioná-las, mas, no leito do pecado, cada uma delas e todas em combinação enterrarão um punhal no peito do homem deitado ao seu lado (que esta seja a armadilha de amor que vitimará meus inimigos!), desfalecido de satisfação. Todas, menos uma, que de fato amará seu captor.

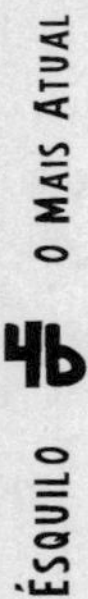

Desta, nascerá a família real de Argos e, de sua descendência, um herói que será o mais prodigioso de todos os heróis. Este será o meu libertador. Assim me revelou minha mãe, Têmis, a irmã dos divinos Titãs, e contar em detalhes como e quando isso acontecerá exigiria muito tempo, e seria perigoso para você escutar tais revelações. Deixe que este segredo e o peso de ocultá-lo fiquem apenas para mim.

IO

Oh, deuses, minha mente, de novo, começa a rodopiar! É mais um surto de loucura. E lá vem a mosca infernal, de novo, com seu ferrão em brasa. Vejo... tudo girar em torno de mim. A língua já não me obedece mais.

[Muge.]

E este redemoinho dentro da minha cabeça... este... vendaval...

[Io solta uma gargalhada insana e, entre mugidos, sai de cena, desvairada, correndo.]

NINFAS

Queiram as Parcas que nunca tenhamos de nos deitar ao lado de um esposo como Zeus! Pobre Io! Que os céus nos protejam da cobiça dos deuses. Que nunca nos tornemos alvo de seu olhar, do qual ninguém escapa. A escolha deles é como uma guerra à qual não se pode evitar nem vencer. E para a qual nos faltam as menores condições de defesa! Zeus tudo pode. Zeus tudo exige. Ninguém pode resistir à vontade de Zeus. Então, o melhor é que ele jamais nos enxergue!

PROMETEU

Mas, repito, por essas peripécias sexuais das quais Zeus parece nunca conseguir conter-se, ele será humilhado, um dia. E o ato da carne, então, significará o final de seu reinado. É a maldição de seu pai, Cronos, pesando sobre ele, ditando que, assim como Zeus fez, um filho deste o derrube.

Mas nenhum deus, além de mim, terá como lhe revelar com detalhes exatos o que vai acontecer, de modo a permitir que ele se previna e evite sua desgraça. Nenhum outro deus possui este segredo.

[Falando para o céu:]

Está me ouvindo, Zeus? Você jamais saberá... Você...

[Começam a cair relâmpagos em volta. Os mares se erguem em espuma. Um vento brutal açoita a todos. As Ninfas se encolhem, Prometeu berra para vencer o rugido da tormenta:]

Pode trovejar à vontade. Isso, solte sua fúria! Faça seu poder explodir sobre nós. Mas saiba... neste mesmo instante... o seu formidável adversário está sendo gestado. Por obra de suas próprias crueldades, o destino começa a girar contra você mesmo. E este herói de que falo descobrirá um fogo muito mais potente do que o de seus relâmpagos. Ele quebrará o seu cetro, quebrará o tridente de Poseidon, fará o trono dos deuses em pedaços. Ele, Zeus... ensinará a você a distância entre ser rei e ser escravo!

NINFAS

Prometeu! Você tem certeza de que as suas profecias não passam de desejos seus?

[O tempo já se acalmando em volta deles...]

PROMETEU

O meu desejo será realizado. Portanto, é também o futuro.

NINFAS

Você ousa pensar que Zeus, um dia, poderá ter um senhor?

PROMETEU

É o que vai acontecer, e como sempre aconteceu. Aquele que é poderoso encontra sempre quem o supere. Aquele que se impôs pela força será submetido também pela força. Zeus ainda há de sofrer castigos piores do que os meus!

CORIFEU

[Adiantando-se de novo, horrorizada.]

Por favor, Prometeu. Tenha juízo! Não pronuncie essas palavras!

[Sussurra:]

São perigosas.

PROMETEU

[Gargalhando, sarcástico.]

O que eu tenho a temer? Sou imortal!

CORIFEU

Mas, e se Zeus agravar ainda mais os seus tormentos?

[Pausa. Suspense entre os dois. Olham preocupados para cima, como se buscassem enxergar algo que estaria descendo dos céus.]

PROMETEU

Já estou preparado para o meu destino...

CORIFEU

Bem, é sábio aquele que se curva diante do inevitável!

[Prometeu olha para cima e vê Hermes descendo dos céus, com suas sandálias aladas, para junto dele...]

PROMETEU

Ora, a que devo a honra? Hermes, o mensageiro dos deuses! Aquele que adequadamente também é o rei dos ladrões. Descendo assim dos céus, só pode estar antecipando desgraças.

HERMES

Você, grande ilusionista das palavras, inimigo dos deuses e aficionado dos mortais, fala! É meu pai, Zeus, quem ordena! Que ligação é essa que menciona a todo momento, desafiando com ela o deus dos deuses? E não me responda agora por enigmas, nem me faça trazer a você uma segunda mensagem de Zeus, se não queria conhecer ainda mais profundamente a sua ira.

PROMETEU

Ora, que pronunciamento mais arrogante! Quanto orgulho você tem em ser o moço de recados dos deuses. Ah, esses que habitam palácios que julgam estar livres de desgraças logo aprenderão uma lição. Já vi dois ex-senhores serem expulsos desse mesmo trono que Zeus ocupa hoje, sempre o pai sendo derrubado pelo filho. Pode ir embora, Hermes. Bata suas asas servis e fora daqui. Vá dizer a seu amo que fracassou. Que suas ameaças não conseguiram extrair nada da minha boca!

HERMES

[Sorrindo.]

Você é um daqueles que me deixam na dúvida... Será apenas mais um vaidoso ou um imbecil? Ou as duas coisas? Será que não enxerga onde veio parar? É pouco?

PROMETEU

Mais do que você suportaria, se estivesse no meu lugar. Já eu, não trocaria minha desgraça por sua escravidão. Você é daqueles que conseguem ter um imenso orgulho do que são, sendo totalmente ocos por dentro.

HERMES

Sim? E do que você se orgulha, então? Do grande destino que lhe coube? O que dizer dele?

PROMETEU

Que é também o orgulho de quem sabe que logo irá trocar de lugar com seus inimigos. Olhe bem para mim! Você está vendo a si mesmo no futuro.

HERMES

Ao que parece, o padecimento não é capaz de fazer você se tornar mais razoável. Pelo contrário, está mais perturbado do que nunca.

PROMETEU

Reconheço que meus últimos dias não foram um bom tratamento para a mente e o corpo. Mesmo assim, não é o bastante para eu me rebaixar a falar o que tenho a falar com um moço de recados.

HERMES

Então você se recusa a revelar o que o meu pai quer saber?

PROMETEU

Sim, é claro que me recuso! E não adiantaria Zeus mandar ao mesmo tempo fogo e neve sobre mim, além desse sol que escalda meus líquidos e racha minha pele. Que ele mande seus relâmpagos e suas aberrações do inferno me atormentarem. Nada vai me fazer ceder. Não direi as palavras que poderiam salvar o trono de Zeus, enquanto ele me mantiver nessas correntes.

HERMES

Acha que um discurso desses impressiona Zeus?

PROMETEU

Não é discurso. É caráter! Zeus deve reconhecer isso, de alguma maneira que seja.

HERMES

Seu maluco! Já não chega o que está sofrendo agora?

PROMETEU

E você, querendo dar lições às ondas? O que você acha que eu vou fazer? Unir as mãos e implorar por perdão àquele a quem mais odeio? Nunca!

HERMES

Você é, de fato, que nem um cavalo recém-domado, ainda não acostumado com as rédeas e que morde o freio, inconformado, e resiste o quanto pode ao comando das rédeas. Mas o seu ódio não servirá de nada! Fiz o que pude e não adianta mais perder tempo. Prometeu…

[Relâmpagos. Uma sombra projetada dos céus recobre a cena, como se fosse um ser gigante sobre todos. Prometeu olha em fúria para o alto. As Ninfas se debatem apavoradas. Vento forte. As palavras de Hermes soam cada vez mais altas e ecoam como uma maldição:]

Ouça, então, Prometeu! Ouça qual será a sua nova sentença! Dos céus virá sobre você o cão alado de Zeus. A mais hedionda ave de rapina dos infernos! Ela baixará sobre o seu corpo, e da sua carne arrancará grandes pedaços. Todos os dias esta cena se repetirá. Todos os dias, a ave hedionda virá devorar o seu fígado, que crescerá de novo durante a noite, para se oferecer, de dia, fresco e pulsante, ao bico afiado da ave de Zeus. E assim serão todos os dias e para todo o sempre, ó Rebelde dos Rebeldes! Adeus!

[Hermes sai voando. As Ninfas se debatem ainda, aterrorizadas. Prometeu está abatido, conformado.]

NINFAS

Por favor, Prometeu! Ainda pode ser tempo! Implore a piedade de Zeus e se salve deste suplício que ninguém jamais sofreu, fosse deus ou mortal! Uma agonia sem-fim! Uma dor replicada infinitas vezes! Salve-se, Prometeu!

[Ruflar de asas. Guinchos de ave vindos do alto. Pânico entre as Ninfas, que olham e apontam para o alto. Prometeu fala sereno. Depois, encara a sombra alada, que desce sobre ele, com os olhos arregalados.]

PROMETEU

Eu já sabia de tudo isto. Vi tudo acontecer e escolhi assim mesmo meu caminho. Mas, havia sempre a dúvida... Seria mesmo Zeus capaz de tamanha infâmia? E por que não? Por que não? Minha majestosa mãe Terra e o Éter que faz girar este universo e o inspira, vejam! Vejam! Lá vem dos ares o castigo definitivo de Zeus! Lá vem o capricho maior da tirania doentia, que não suporta ser desafiada. Que quer ser temida acima de tudo e de todas as coisas. Lá vem meu algoz alado, aquele que assombrou meus sonhos, desde há muito tempo. Aquele que eu temia, por já sofrer o corte de suas garras, em minhas profecias! Lá vem ele sobre mim... Ah, humanidade, que saiba você prezar os seus maiores tesouros! Eis o preço deles! Eis o resgate de sua liberdade! Brilhe de compaixão, agora, ó luz que a todos nós é concedida. Veja, veja! Vejam todos a injustiça que eu vou sofrer!

POSFÁCIO

O herói anunciado por Prometeu, aquele que viria libertá-lo, é Hércules, ou Héracles, filho de Zeus e Alcmena,[30] a descendente de Io. Ocorre que, além da peça que está neste volume, comumente chamada de *Prometeu Acorrentado*, Ésquilo escreveu mais duas: *Prometeu Portador do Fogo* e *Prometeu Libertado*, das quais restam somente alguns poucos fragmentos.

Em *Prometeu Libertado*, Héracles mata a ave que devorava o fígado de Prometeu diariamente. A seguir, consegue um acordo entre Prometeu e Zeus, que se compromete a libertá-lo se o deus das profecias revelar qual união ele deve evitar para que não nasça aquele que o destruiria. Graças a isso, Zeus toma conhecimento de que não pode ter a ninfa Tétis, neta de Oceano — Tétis é a mais bela das *Nereidas*, as filhas de Nereu,[31] e de sua união com Peleu nascerá o herói Aquiles, que terá destacado papel na Guerra de Troia.

Mas aí já enveredamos pelo *Ciclo dos Heróis*, que sucedeu ao *Ciclo da Criação do Mundo,* na mitologia grega, fonte temática das peças do teatro grego antigo. Só que as peças apresentadas nos festivais de Atenas, grandes eventos anuais, muito prezados na vida dos cidadãos, eram *releituras* da mitologia, com fortes e frequentes referências também a questões políticas e sociais do seu tempo. O ataque à tirania, mesmo aquela que traz benefícios, como a de Zeus, ocorre em meio à grande disputa travada pelo poder na cidade — um Estado independente, como outras cidades da Grécia antiga.

---

30 Alcmena: Mãe de Hércules ou Héracles, Zeus disfarçou-se certa feita no marido dela, Anfitrião, para possuí-la, e fez aquela noite durar três vezes mais do que o tempo normal.

31 Nereu: Um dos mais antigos deuses do mar, casou-se com Dóris e com ela teve as *Nereidas*, belíssimas Ninfas dos oceanos.

De fato, é bastante razoável ver em *Prometeu* uma reflexão crítica sobre a história e o momento por que passava Atenas. Durante o século VI a.C., depois de muito enfrentamento entre grupos e concepções políticas, que se alternaram no poder, Atenas viveu um período de grande prosperidade econômica, promovida, em contrapartida, por governos tirânicos, que favoreciam apenas a aristocracia — os atenienses natos.

Nascido em Elêusis, perto de Atenas, em 525 ou 524 a.C., e morto em 456 a.C., Ésquilo é o mais antigo dos grandes dramaturgos da tragédia clássica — foi autor de cerca de noventa peças, das quais menos de dez chegaram até nós. Por muitos, é considerado o fundador da tragédia, aquele que lhe deu formas definitivas. Ésquilo conheceu uma Atenas em que a facção que patrocinava reformas políticas e sociais e seus adversários, que propunham a volta da tirania, defrontavam-se ferrenhamente.

Prometeu foi encenada pela primeira vez, provavelmente em 458 a.C. ou em alguma data próxima. Três anos antes, Péricles assumira o governo da cidade-estado. Com ele, consolidou-se o sistema que, em que pesem os exageros, viria se disseminar com um modelo ideal de organização política da sociedade, a *democracia grega*. É no Século de Péricles, em Atenas, que se pensa, quando atribuímos à Grécia a invenção do sistema em que todos os cidadãos (excluídos os escravos e as mulheres, no caso) são chamados a discutir e decidir sobre os rumos da nação.

Não é difícil vermos uma aristocracia ateniense nostálgica dos tempos da tirania, defendendo-a como um fator de prosperidade, e, em *Prometeu*, com seu ataque sem concessões a essa mesma tirania, a maneira como Ésquilo se posicionou publicamente diante da disputa, da qual saiu vitoriosa a facção de Péricles. Assim, o poder profético de Prometeu, e talvez também o seu brado final, representam um alerta aos cidadãos atenienses sobre as consequências de permitir que alguém, deus ou mortal, assuma o poder absoluto.

ALCESTE

ALCESTE

INTRODUÇÃO

REINO DOS MORTOS

Na cultura grega antiga, o inferno era o reino subterrâneo ao qual estavam condenados todos os espíritos, fossem dos justos ou dos pecadores, depois da morte. Um desterro de escuridão, no qual somente o que se tinha para fazer era vagar sem propósito, chorando a perda dos entes queridos, deixados no mundo, e lamentando a privação do que a cultura grega mais prezava — luz, beleza estética, racionalidade, representadas por deuses populares, como Apolo[32] e Palas Atena.[33]

Havia as regiões mais profundas e tenebrosas, como o Tártaro, destinado ao suplício — fogo, demônios mutiladores e outras formas de tortura — daqueles que haviam ofendido aos deuses. Os gemidos dos que

---

32 **Apolo** ou **Febo**: Aquele que conduz o carro do Sol, deus da arte, do culto estético e do conhecimento.

33 **Atena**: Era a deusa da sabedoria, dos ofícios, da inteligência e da guerra justa. Há também quem grafe o seu nome como **Palas Atená**. Frequentemente é associada ao escudo de guerra, à coruja, símbolo da sabedoria, ou à oliveira.

jaziam no Tártaro, ressoando por todo o Reino dos Mortos, era mais um sofrimento para os habitantes do Hades.

O inferno era o Reino de Hades, irmão de Zeus. Na divisão dos domínios do Universo, foi o que lhe coube, enquanto Zeus, Senhor dos Deuses, ficou com os céus e a Terra, e Poseidon, com o reino dos mares. Hades era um deus ressentido e sombrio. Jamais se conformou com a partilha determinada por seu irmão mais novo. Mas, como outros deuses agiam em relação a Zeus, exercia sua vingança não contra aquele que o prejudicara, mas contra os mortais.

Hermes tinha entre seus encargos conduzir os mortos até uma das entradas do inferno. Para chegar ao Reino dos Mortos, os espíritos deveriam tomar a barca de Caronte[34] e atravessar o rio Estige.[35] Todos os mortos eram cremados com um *óbulo*, uma moeda, pagamento que deveria ser dado a Caronte por seu serviço.

Os portões do inferno eram guardados por uma besta, Cérbero,[36] um cão de três cabeças, a quem Héracles haveria de aprisionar e trazer para a Terra, num de seus *trabalhos*. Mas Cérbero era um guardião terrível. Devorava os espíritos que tentavam escapar do Hades e destroçava os vivos que ousassem descer até lá, pretendendo resgatar os mortos de volta à vida.

O inferno era quase uma reprodução do vazio de antes da Criação, lugar de monstros e terrores aleatórios, que precisou ser apartado do mundo para que a humanidade pudesse surgir. Se outras culturas viam a morte como uma passagem para diferentes planos da existência, cultuando a reencarnação, como no budismo, ou a ressurreição, como na religião egípcia antiga, Cérbero simbolizava o caráter irrecorrível da morte para a

---

34 Caronte: O barqueiro que conduz os espíritos dos mortos na travessia do rio Estige, na chegada aos reinos infernais.

35 Rio Estige: O grande terror dos gregos, o Rio dos Mortos. A viagem sem volta para o outro lado, na barca de Caronte, conduz os espíritos ao reino de Hades.

36 Cérbero: O cão de três cabeças que guarda o portal do inferno. Conta-se que apenas duas vezes foi vencido. Uma, por Orfeu, que, com o poder de sua música, o fez dormir, resgatando Eurídice do Reino dos Mortos (mas a perdeu, antes de subir à superfície, porque desobedeceu à ordem de não olhar para ela enquanto ainda estivessem nos domínios de Hades), e outra por Hércules, que, com a ajuda de Hermes e Atena, aprisionou-o e o deu de presente a Deméter, a mãe de Perséfone.

a cultura grega. Sua ferocidade era a impossibilidade de entendê-la ou de lidar com ela por meio da razão do mundo terreno. A morte era o encerramento da fé e de toda a esperança. Um reino onde não existia clemência nem possibilidade de remissão ou de purgação.

Assim, os lamentos de Alceste, prestes a morrer, a dimensão de seu sacrifício, oferecendo-se para ir para o Hades no lugar do marido, e, principalmente, o terror de Admeto, em relação à morte, ganham um poderoso significado. A peça de Eurípides colocava suas plateias diante do maior horror dos gregos antigos.

ERSONAGENS/TEMPO/ LOCALIZAÇÃO

APOLO
MORTE
ALCESTE
ADMETO
CORO E SUBCOROS
CORIFEU
SERVOS
HÉRACLES
EUMÊLO
FERES

A ação ocorre na cidade de Feras, na Tessália,
numa época anterior aos registros históricos,
em meio ao Ciclo dos Heróis da mitologia grega.

ALCESTE

[A ação se inicia em frente ao Palácio de Admeto, rei de Feras. Apolo, o deus da sabedoria, sai do palácio e fala ao público. Ele está com seu arco e uma flecha armada como se montasse guarda. Olha para os lados, nervosamente, aguardando uma visita ameaçadora.]

APOLO

Este é o Palácio de Admeto. Num de seus salões, eu, Apolo, um deus imortal, acabei de me sentar à mesa de banquetes, como se fosse um empregado. E foi Zeus quem me fez sofrer essa humilhação. Zeus matou Asclépio,[37] meu filho, atravessando seu peito com um relâmpago brilhante. Asclépio, o médico, que tantos enfermos arrebatou da Morte — e esse foi seu crime, aos olhos de Zeus... Porque Asclépio, embora sendo mortal, pelo conhecimento superou os desígnios dos deuses.

A dor de perdê-lo me enlouqueceu, e exterminei os ciclopes,[38] os artesãos do fogo, que fabricam os relâmpagos de Zeus. Então, como castigo, meu pai, Zeus, condenou-me a servir aos mortais em diversas tarefas. Assim, cheguei a esta terra, sendo recebido por Admeto, o rei, que me encarregou de tomar conta de seu gado. Também me cabia zelar pela proteção de seu palácio, e foi o que fiz. Até agora.

Admeto era um rei justo, e isso me deixou satisfeito. Tanto que o salvei da própria morte, negociando seu destino com as Parcas. Admeto já é idoso e as Parcas iam recolhê-lo para o inferno de Hades. Mas, em atenção a mim, elas o liberaram, com a condição de que outro se apresentasse para seguir o caminho sem volta, em seu lugar. Admeto dirigiu-se a

---

37 Asclépio ou **Esculápio**: Filho de Apolo, deus da cura, que também ressuscitava os mortos. Hades, irritado com ele por lhe roubar súditos, pediu a Zeus que o matasse. Zeus fulminou-o com seus raios.

38 Ciclopes: Gigantes monstruosos, de um olho só, que forjavam os raios de Zeus.

todos os seus amigos, pedindo que algum deles se apresentasse para o sacrifício. Fez o pedido, inclusive, aos seus pais, já bem velhos. Ninguém aceitou. Somente Alceste, sua jovem esposa, tão amada, ofereceu-se para morrer no lugar dele.

Neste momento... dentro deste palácio, ocorre uma cena de morte. E de despedida. Alceste está agonizando nos braços de seu marido. A morte é inadiável e está cada vez mais próxima. Ela está vindo, eu a pressinto. Está para chegar. Sua presença faz estremecer até mesmo um deus. Por isso saí do quarto do casal, neste momento em que a Morte está para vir arrebatar Alceste de seu amado Admeto, para sempre. Pobre Alceste!

[Chega a Morte. É um homem com uma espada na mão e comprida barba, bem composta. Ele é pálido. Veste uma longa túnica que se arrasta no chão. Os cabelos e barbas são pretos. Tem asas negras às costas. Sua voz é rouca, sarcástica. A Morte se dirige a Apolo, que aponta para ele a flecha armada no arco:]

MORTE

Ora, Apolo, deus iluminado! Salve! Mas o que você está fazendo na entrada deste palácio? Por acaso, pretende opor-se aos privilégios das divindades infernais? Já não chega ter enganado as Parcas, com esses seus truques, e impedido que eu arrebatasse Admeto? E agora, o que você pretende? Evitar que eu leve para Hades a filha de Pelias, que se sacrificou no lugar de seu esposo?

APOLO

Tenho direito de fazer o que faço. E muito boas razões, também, para tanto.

MORTE

E o que pretende com esse arco apontado para mim? Se é questão de direito, você não precisa de armas. Ainda mais sendo um deus.

APOLO

Sempre carrego meu arco comigo. E pronto para disparar.

MORTE

E o dispararia contra mim, mesmo que a defesa de seu senhor fosse totalmente injusta?

APOLO

Admeto é meu amigo. A dor dele me dói também.

MORTE

Ah, então você admite. Quer roubar de mim mais um passageiro.

APOLO

Não roubei nada de você, nem usei a força para conseguir o que queria.

MORTE

Ah, então como explica que seu amigo, o rei Admeto, esteja ainda de pé e não deitado?

APOLO

A esposa dele, Alceste, o substituirá.

MORTE

É ela, então, que devo levar para o inferno profundo, morada de todos que deixam este mundo?

APOLO

Sim. Isso mesmo. Faça logo esse seu trabalho nojento.

MORTE

Matar é o meu ofício. Nada mais.

APOLO

Mas não há como adiar esse seu serviço?

MORTE

O que você diria se lhe confessasse que amo os funerais?

APOLO

Mas ela é tão jovem ainda. Por que não espera até que Alceste envelheça?

MORTE

É na morte de jovens, não de velhos, que minha presença fica mais marcante.

APOLO

Mas, se morrer idosa, Alceste terá um funeral mais rico, mais grandioso. Você terá uma cerimônia ainda mais imponente para diverti-lo!

MORTE

Mas, meu querido deus do sol... Você não vê que este seu argumento favorece os ricos? Eles, então, deveriam ser deixados mais tempo na Terra apenas para meu prazer egoísta?

APOLO

[Irritado:]

Como? A morte também faz piadas?

MORTE

Como não? Os ricos todos pagariam para morrer velhos.

APOLO

[Sempre apontando a flecha no arco.]

Então, nem como um favor a mim você deixaria Alceste entre nós?

MORTE

Nem assim. Compreenda, a Morte não pode ter favoritismos. É uma questão de caráter!

APOLO

Não é à toa que os mortais odeiam você. E que os deuses lhe têm tanto nojo!

MORTE

Mas isso porque uns e outros não têm poderes para me afastar do mundo!

APOLO

Ah, não...? Mas você não sairá triunfante deste episódio. Por estas terras, logo irá aparecer um herói poderoso. Ele estará empenhado na realização de doze trabalhos que imortalizarão seu nome, e estes serão apenas uma parte pequena de suas muitas proezas. Ele será bem acolhido no palácio real de Admeto e por conta dessa hospitalidade e apenas com seus poderes mortais, sua coragem e força extraordinárias obrigará você a libertar a esposa do rei. E assim você será humilhado, privado de sua presa e de minha gratidão. Derrotado, desprezado e odiado por todos.

MORTE

Ah, como os deuses adoram o som da própria voz. Ainda mais quando entoam profecias. Nada me impedirá de arrebatar aquela mulher dos braços de seu marido e de carregá-la comigo para as profundezas do Reino de Hades. E já estou a caminho do quarto onde ela se despede do mundo, neste momento. Vou sacar minha espada, e basta cortar alguns fios de seus cabelos para entregá-la às divindades das entranhas infernais.

[A Morte entra no palácio. Sai Apolo, abatido. Entra o coro.]

CORO

Mas por que todo este silêncio na entrada do palácio real? Por que ninguém aparece? Não há por perto quem possa nos dizer se devemos começar a chorar por nossa rainha Alceste ou comemorar que ela ainda esteja vendo este mesmo sol que sustenta o dia diante de nossos olhos. Mas, esperem. Escutem... Soluços, gemidos, mãos se batendo em palmas de dor. Mas por que nenhum servo aparece à entrada do palácio para dar notícias? Por que não surge Apolo para deter essa tragédia?

PRIMEIRO SUBCORO

Já não se pode fazer mais nada por Alceste, a não ser chorar.

SEGUNDO SUBCORO

Seu espírito já nos deixou. Resta apenas seu cadáver.

PRIMEIRO SUBCORO

Mas se nenhum corpo foi trazido ainda para fora do palácio!

SEGUNDO SUBCORO

Isso não nos tranquiliza. Como é que vocês ainda podem ter esperanças?

PRIMEIRO SUBCORO

Será que Admeto decidiu realizar os funerais secretamente?

CORO

Mas o que está acontecendo? Ainda ninguém veio lavar os umbrais das portas com água pura, tirada diretamente das fontes. E não é o que se faz nas casas em que há defuntos? Também não vemos na entrada do palácio pessoas de cabelos cortados rente, em sinal de luto, nem moças batendo palmas de dor e pesar.

SEGUNDO SUBCORO

Mas aconteceu... Chegou a hora.

PRIMEIRO SUBCORO

Do quê?

SEGUNDO SUBCORO

Da descida aos infernos.

PRIMEIRO SUBCORO

[Contorcem-se de dor à fala anterior.]

Mas que dor no coração e na nossa alma!

SEGUNDO SUBCORO

Sim, é o que se sente diante da morte. É por isso que adotamos o luto como sinal de nosso desgosto e desalento diante da continuidade impassível do mundo, que desconhece nossa perda.

CORO

Mas será que não há recanto remoto da Terra, qualquer que seja seu extremo ou ermo, para onde se possa enviar um navio destemido que consiga salvar esta vida preciosa? Não há altares nos quais possamos sacrificar animais e dirigir nossas preces para evitar que a Morte se enriqueça com o brotar de mais uma sepultura? Ah, se Asclépio ainda vivesse, com certeza a teria curado. Não é o que fazia antes de ter sido fulminado por um dos raios de Zeus? Não era ele que costumava roubar dos deuses a prerrogativa de decidir quais mortais seriam atirados nos tormentos infernais? Mas, agora, não resta esperança para a infeliz Alceste. O rei já cumpriu todos os rituais, os altares estão recobertos do sangue das oferendas, todos os deuses foram conclamados, mas há desgraças inevitáveis. É assim a vida!

[Sai do palácio uma serva de Alceste. Um corifeu (mestre do coro) assume a frente do coro.]

CORIFEU

Ah, lá está, saindo do palácio. É uma serva de Alceste. Veja como ela chora com sinceridade. O que será que tem para nos contar?

[O corifeu se dirige à serva:]

É natural mostrar tanta desolação diante de tragédias. Mas, por favor, diga-nos. Nossa rainha ainda vive?

SERVA

O que posso dizer é que ela está ao mesmo tempo morta e viva.

CORIFEU

Como isso pode ser?

SERVA

Ela já começa a perder as forças para resistir. Não há mais salvação.

CORIFEU

Mas que perda para Admeto...

SERVA

Ele sofrerá bastante quando chegar a hora final. No momento, ele já toma providências para os funerais.

CORIFEU

Ela morrerá com a glória de se ter demonstrado a melhor das esposas que já nasceu sob este sol.

SERVA

Sem dúvida! A melhor de todas as esposas. E é tão admirável a devoção de Alceste ao rei Admeto! Quando ela sentiu que se aproximava a hora de deixar o mundo, banhou seu lindo copo na mais pura água de fonte. Depois, de um móvel de cedro, tirou roupas e suas joias. Então, vestiu-se, adornou-se. A seguir, foi até o fogo da pequena pira sagrada em seus aposentos e orou:

"Ah, Perséfone,[39] esposa de Hades e senhora dos infernos, por favor, escuta minha oração. Proteja meus filhos que deixarei órfãos. Dê ao meu filho uma esposa que o ame e, à minha filha, um marido de incomparável nobreza. E, por favor, deusa, você que foi sequestrada de seu lar e arrastada para o inferno, onde foi entregue a Hades para ser sua esposa, dê a meus dois filhos uma sorte melhor do que a minha. Proteja-os da morte prematura, dê-lhes prosperidade e as delícias da vida!"

Alceste fez a mesma oração em todos os altares da morada de Admeto, jogando sobre o fogo de todos eles mirto fresco. E tudo isso sem se lamentar, sem um gemido sequer, não permitindo nem mesmo que a desgraça prejudicasse a beleza de suas feições. Completadas essas preces, Alceste foi para a cama do casal e só então se entregou ao pranto:

"Leito onde perdi a virgindade sob o corpo daquele por quem vou morrer, adeus! Não vou odiar você apenas porque está para me perder. Foi por não querer ser egoísta em relação ao meu esposo e em relação a você, meu leito de amor, que agora tenho de morrer. Quanto a você, já sei que outra mulher será a sua dona. Que ela tenha mais qualidades do que eu, e muito mais sorte na vida!"

A seguir, pôs-se de joelhos, beijou sua cama, que encharcava de lágrimas. Enfim, quando se cansou de chorar, afastou-se do leito conjugal e deixou os aposentos do casal. Mas voltou atrás em seus passos diversas vezes, para se lançar sobre aquela cama. Já seus filhos, agarrados a suas vestes, choravam convulsivamente, e ela, apertando-os contra o peito, sentia mais aguda ainda a dor pela proximidade da morte, que os iria separar dela para sempre. Todos os servos do palácio estão soluçando até agora, e ela fez questão de despedir-se de cada um, estendendo a mão para ser beijada por todos, recebendo as despedidas e as palavras de conforto até dos mais humildes. Admeto, o rei que Alceste resgatou da morte, está inconsolável.

39 Perséfone: Filha de Deméter. Raptada por Hades para os reinos infernais, a contragosto e por determinação de Zeus tornou-se sua esposa.

CORIFEU

Mesmo assim, é fato que Alceste está para morrer no lugar dele, e o rei aceitou o sacrifício. Com certeza acha que sua vida é mais preciosa do que a dela, por ser homem e rei.

SERVA

Como pode dizer tal coisa? Agora mesmo, ele está com sua esposa nos braços, enquanto ela agoniza, implorando para que Alceste não o abandone. Ah, do que adianta implorar a ela? Minha ama está praticamente inerte, mal respira, mal abre os olhos. Hoje ainda me lembro de quando ela contemplou o globo solar e lhe disse adeus. No reino de Hades, estará imersa na escuridão eterna.

Mas vou anunciar a sua presença a Admeto. Há muito valor quando um súdito devotado vem oferecer consolo a seu soberano. Ainda mais quando se trata de um velho amigo de nossos senhores.

[A serva volta para o interior do palácio.]

PRIMEIRO SUBCORO

Zeus, Zeus poderoso! Senhor dos deuses e do Universo. Será que nem mesmo você poderá nos livrar desta tragédia?

SEGUNDO SUBCORO

Mas quem poderá vir nos ajudar a essa altura dos acontecimentos? Não é melhor tosarmos nossos cabelos, rasgarmos as vestes e iniciar nosso luto?

PRIMEIRO SUBCORO

Sim, sim, muito sensato, meus amigos. Mas, por piedade, vamos ainda fazer uma prece aos bons deuses. Quem sabe?

CORO

Ah, Asclépio, deus das curas, venha em socorro de nossa rainha! Volte a ser entre nós, mortais, o deus que afugenta a Morte sombria, que nos livra de suas garras e repele a fome de Hades.

PRIMEIRO SUBCORO

Ah, Admeto. Imagino como você deve estar sofrendo com a morte de sua esposa.

SEGUNDO SUBCORO

Sim, uma esposa tão amada e cujo sacrifício será consumado diante de seus próprios olhos, Admeto. Que dor você deve estar sentindo!

[A porta do palácio se abre. Surge Admeto, trazendo Alceste, já sem sentidos, nos braços. O casal de filhos segue os pais, segurando as pontas dos véus fúnebres de sua mãe. Logo atrás vêm os servos, que põem um estrado em cena.]

CORO

Estão chegando! Lá está Alceste, carregada pelo marido. Chore, povo deste reino. Chore pela sorte desta mulher, tão virtuosa, que Hades vai desprender da família e levar para as profundezas.

CORIFEU

De que adiantam os prazeres do casamento, se a separação e a perda se abatem ao final? Admeto teve uma mulher inigualável e foi o mais feliz dos maridos. Olhem para ele agora.

ALCESTE

Ah, o sol! A luz do dia. As nuvens, a girar tão rápidas pelo céu.

ADMETO

Sim, Alceste, minha querida, o sol nos vê... Duas pobres criaturas que não fizeram nada contra os deuses para serem mortas por eles.

ALCESTE

[Alguma coisa passa diante de seus olhos que ninguém mais pode enxergar.]

Estou vendo agora um barco com dois remos. Caronte, o barqueiro que conduz os mortos na travessia do rio Estige, está impaciente. Na outra margem, estão os infernos, e Caronte quer fazer logo seu trabalho. Ele não aguenta mais aguardar por mim para tomar seu barco.

ADMETO

Oh, que dor terrível. Era eu que deveria fazer essa travessia, não você!

ALCESTE

[Ela grita e se debate nos braços de Admeto:]

Agarraram meus pés. Estou sendo arrastada. Estão me levando para o Reino dos Mortos. Será que você não está vendo? Hades já sorri para mim. Ele tem asas e me deseja intensamente. Por piedade, me larguem. Para onde estão querendo me levar?

ADMETO

Minha esposa tão adorada! Por tudo que é sagrado, não vá!

ALCESTE

Não, pelos deuses bondosos, deixem-me partir. Eles me puxam, já não suporto mais. Hades já está junto de mim, praticamente sobre meu corpo...

[Admeto estende Alceste sobre o estrado fúnebre.]

ALCESTE

A mais escura de todas as noites recobre meus olhos. Meus filhos! Ah, meus filhos! É o meu fim. Vocês não têm mais sua mãe ao seu lado. Sejam felizes, aproveitem que ainda podem ver a luz do sol.

ADMETO

Ah, que palavras tão terríveis! É o pior que poderia me acontecer. Por favor, em nome dos deuses, não me abandone aqui. Suplico em nome de nossos filhos, já quase órfãos, que você busque forças. Por piedade, levante-se. Morrendo, você estará nos matando também.

ALCESTE

[Parece de repente recobrar forças, ergue-se no estrado.]

Olhe bem para mim, Admeto, e meça suas palavras. Vou anunciar meu último desejo antes de morrer. Paguei com a minha vida para que você continue vivendo. Então, vou morrer, mas poderia, se quisesse, continuar viva. E logo me casaria de novo, tendo como esposo algum dos mais nobres téssalos, qualquer um que eu desejasse. E iria coabitar com ele, na riqueza e no luxo de um palácio real. Mas eu não quis viver, se fosse para ser separada de você. Não quis deixar meus filhos órfãos de pai. Então, deixei de lado minha mocidade e toda a alegria que eu sentia por viver.

Já o teu pai e aquela que deu você à luz, apesar de muito idosos, numa idade em que a morte para eles seria natural, assim como justo seria sacrificarem-se por seu filho, não o fizeram. Ah, teriam uma morte gloriosa. Você é o único filho que possuem e não podem mais ter esperanças de gerar outro filho. E poupariam a você todo esse sofrimento, você que lamenta a perda da sua mulher, agora.

Mas os deuses é que sabem por que acontecem as coisas... Então, morro! E quero uma prova da sua gratidão. Na verdade, o que vou pedir é muito pouco, comparado ao meu sacrifício. Nada vale tanto quanto a vida de uma pessoa, e você terá de reconhecer que é um pedido razoável. Se pensar direito, deve reconhecer que meu amor por nossos filhos não é menor do que o seu.

Prometa, então, que não se casará de novo. Não quero que meus filhos tenham uma madrasta que os odeie por serem filhos do seu primeiro casamento. Ela teria ciúmes. Meu filho, por ser homem, ainda poderia encontrar em você a proteção de que precisa, meu marido. Mas quem guardará minha pequena? Quem vai orientá-la para que se mantenha casta até se casar? Quem irá conduzi-la, então, até um bom e sólido casamento? E quem vai dar-lhe ânimo na hora do parto? Nada como ter a própria mãe ao lado nesse momento.

Ah, meus filhos, sim. Tenho de morrer, e não vai ser amanhã nem depois, mas daqui a alguns instantes. Adeus. Vivam em alegria. E você, meu esposo, pode então se gabar de ter tido a mais dedicada de todas as mulheres. Vocês, meus filhos, saibam que tiveram a mais amorosa de todas as mães.

CORIFEU

Sim, é verdade, e eu me encarregarei de que se lembrem disso para sempre.

ADMETO

Minha esposa, tão amada, sua vontade será cumprida. Enquanto você estiver viva, será a única mulher da minha vida. Depois de morta, nenhuma outra tomará o seu lugar. Não haverá entre as téssalas mulher alguma que se dirija a mim como seu esposo. Até porque nenhuma poderá ser comparada a você em beleza e berço.

Alceste, Alceste, os filhos que você me deu são toda a descendência que desejo, e minhas orações aos deuses serão sempre e unicamente para poder ter a companhia deles.

Então, você está nos deixando... Mas o luto por você não será de apenas um ano, mas de toda a minha vida. E sempre odiando meu pai e aquela que me pôs no mundo. Agora vejo que todo o amor que sempre proclamaram por mim só existia em suas palavras. Já você, diferente deles, cedeu o que tinha de mais precioso para salvar a minha vida.

Ora, não tenho então muito o que chorar nesta hora? Não estou aqui prestes a perder a melhor de todas as esposas? Não haverá mais festas em meu palácio, nem recepções para convidados. Não haverá mais as flores e os cânticos que sempre estiveram presentes nos aposentos reais. Nunca mais tocarei a lira, nem a flauta. Alceste, Alceste, você vai levando também toda a alegria de viver que eu já possuí. Já encomendei aos artistas mais hábeis obras que mantenham sua imagem para sempre ao meu redor. Continuarei a me deitar com você em nosso leito e repetirei várias vezes durante a noite o seu nome, que jamais poderei esquecer. Passarei as horas noturnas imaginando que ainda tenho você em meu abraço, mesmo que ao meu desejo responda a gelidez mais sombria. Meus olhos estarão para sempre encantados por sua lembrança, e você os visitará, assim como a meus sonhos...

Ah, que dor! Mas mesmo a ilusão noturna é tão envolvente. Que alívio ver ainda a quem amamos, mesmo que por um momento apenas. E se me fosse dada a voz de Orfeu,[40] a quem, por sua música, foi concedido descer ao inferno para resgatar sua Eurídice, eu também desceria às profundezas do tormento. E nem Cérbero, o cão de três cabeças, nem Caronte, o remador, sempre ávido de carregar almas para o reino das trevas eternas, me deteriam. Eu a traria de volta, fosse como fosse, em meus braços. Mas, já que não tenho como descer ao inferno, me espere lá, minha amada, e prepare bem a nossa casa, pois um dia nos reencontraremos.

Darei ordens aos meus filhos para que me ponham, depois da morte, na mesma sepultura que receber você, no mesmo caixão feito de cedro. E assim, mesmo depois de morto, estarei ao lado da única mulher que amei e que me foi leal.

CORIFEU

[Para Admeto:]

40 Orfeu: Poeta e músico. Sua lira e sua flauta tinham o poder de amansar as feras. Alguns o situam como filho de Apolo e de Calíope, musa da poesia.

Quero partilhar com você desse doloroso luto. E, sem nenhuma falsidade, ela merece que esta sua promessa seja cumprida.

ALCESTE

[Com os filhos agarrados a ela.]

Vocês ouviram bem, meus filhos adorados? O pai de vocês prometeu que jamais terá outra mulher. E que é assim que respeitará a minha memória.

ADMETO

Sim, isso mesmo. E cumprirei minha promessa.

ALCESTE

[Entregando os filhos para Admeto.]

Então, receba aqui nossos filhos.

ADMETO

[Abraçando o casal de filhos.]

Recebo meu filho e minha filha, graças abençoadas, das suas mãos tão queridas!

ALCESTE

Você terá de ser também a mãe deles.

ADMETO

Que seja. E não faltará carinho a eles.

ALCESTE

Ah, meus filhos. Eu tinha de viver para cuidar de vocês. Mas, agora, vou para os reinos subterrâneos!

ADMETO

E pobre de mim! O que vou fazer da vida quando você me deixar sozinho?

ALCESTE

Ah, o tempo vai ser o seu consolo. Quem morre deixa de existir.

ADMETO

Por piedade, me leve junto com você para os infernos.

ALCESTE

Ora, não basta que eu morra por você?

ADMETO

Ah, que destino impiedoso! Ele vai me tirar a melhor das esposas.

ALCESTE

Meus olhos pesam... Já há trevas sobre eles...

ADMETO

Então, Alceste, é o fim para mim também!

ALCESTE

Vocês já podem dizer que estou morta.

ADMETO

Não, abra os olhos ainda uma vez. Não deixe os seus filhos para trás.

ALCESTE

Ah, que dor abandoná-los. Adeus, meus filhos!... Adeus.

ADMETO

Olhe para eles, Alceste! Olhe!

ALCESTE

Não existo mais!

ADMETO

Não pode ser. Para onde você está indo? Fique conosco!

ALCESTE

Adeus... Adeus...

ADMETO

Que desgraça! Estou perdido!

CORIFEU

Ela se foi! Alceste não existe mais!

EUMÊLO

Ah, coitado de mim! Minha mãe está indo para os infernos. Vamos virar órfãos. Ah, papai! Ela está nos deixando! Não vê mais o brilho do sol! Veja, seus olhos estão parados e sem luz. E as mãos dela, que não se mexem mais!

[Eumêlo se joga sobre o estrado fúnebre de Alceste.]

Mãe, mãezinha, você tem que me ouvir, por piedade! Sou eu, seu filho! Estou aqui, bem junto da sua boca. Me ouça, mamãe!

ADMETO

Ela já não ouve você, filho. Nem nos vê também. Oh, deuses, que calamidade! Como iremos suportar essa perda?

EUMÊLO

Sou tão pequeno ainda para ser deixado sem minha mãe querida. Que crueldade! E você, minha irmã, o quanto vai sofrer a falta de nossa mãe..! Meu pai, o seu casamento, afinal, não foi feliz. Você e mamãe não chegaram à velhice juntos e, com a morte dela, toda a nossa família morre também.

CORIFEU

Rei Admeto, erga a cabeça. O senhor precisa suportar essa perda. Quantos maridos já não perderam esposas extraordinárias? Vamos, ânimo, nenhum de nós viverá para sempre!

ADMETO

Sim, sei disso. E já fazia tempo que esta desgraça estava prevista. Agora, tenho de dar as ordens para o funeral. Vá para o palácio. Que comecem a cantar hinos fúnebres, para que o deus dos infernos a receba de boa vontade. E a todos os do meu reino ordeno que também se coloquem de luto. Que cortem os cabelos bem rente e que só usem vestes negras. Que nossos cavalos também tenham as crinas cortadas. Não quero música soando em nosso reino, por todo um ano. E que todos saibam que estou enterrando o meu ente mais querido, Alceste, que merece todas as homenagens por ter dado a vida em meu lugar.

[Os servos de Admeto e seus filhos voltam para dentro do palácio, carregando o cadáver de Alceste.]

CORO

Filha de Pelias, nos escute. Esperamos que você tenha proteção mesmo no inferno, este reino de trevas que passará a habitar. Escute nosso chamado, Hades, o deus dos cabelos negros como a noite. E também Caronte, aquele que desde sempre foi o condutor dos mortos em seu barco, na travessia do rio Estige. Saibam vocês, que recebem nossa Alceste, agora, que ela foi a melhor de todas as esposas mortais. Ela, que será para sempre cantada como modelo de esposa em todos os recantos da Grécia.

Ah, Alceste! Não temos como fazê-la retornar ao mundo dos vivos. Não temos como buscar você de volta, nem fazer você atravessar de novo os rios de Hades. Você está sozinha, agora, mulher tão amada. Você que ousou dar a sua vida para salvar a do seu esposo, você agora terá de enfrentar toda essa travessia sem volta por conta própria. Mas pode esperar... Se o teu esposo aqui entre os mortais tentar casar-se novamente, prometemos que faremos todos neste reino rejeitá-lo. E os seus filhos reforçarão este juramento. Ora, se a mãe de Admeto, tão idosa, se esquivou de morrer no seu lugar. Se o pai dele, já de idade tão avançada, também se recusou a perecer por sua cria, seu filho único. Somente esta que vocês estão recebendo, ainda com tudo e tanto por fazer na vida, se ofereceu para deixar para trás a luz do sol e morrer por ele.

Que os deuses nos permitam a todos encontrar um amor tão grande quanto o dela e um casamento tão venturoso com uma esposa como Alceste. Só isso já seria o mais raro dos destinos. Ninguém seria infeliz, tendo ao seu lado uma esposa como ela.

[Entra Héracles, com sua clava, vestindo a pele do Leão de Nemeia. Ele se dirige ao coro.]

HÉRACLES

Ah, bons moradores de Feras. Admeto está em seu palácio, agora? Gostaria de lhe fazer uma visita.

CORO

Sim, Héracles. O rei está em seu palácio. Mas qual é a razão de sua presença nesta terra?

HÉRACLES

Vou ao país do rei Diomedes. Preciso tirar dele suas furiosas éguas carnívoras. É mais um dos trabalhos que devo cumprir, por ordem do rei Euristeu, de Tirinto. Euristeu quer as éguas para si.

CORO

Mas você terá de matar o rei Diomedes para tomá-las dele.

HÉRACLES

Bem, não será a primeira vez que tiro a vida de alguém, em meio a esses trabalhos a que estou condenado.

CORO

E não se esqueça de que essas éguas, além de possuírem dentes que estraçalham a carne humana, soltam chamas pelas narinas!

HÉRACLES

Sei de tudo isso e, ainda assim, preciso cumprir minha tarefa.

CORO

Há mais, Diomedes se diz filho de Ares. Se for verdade, você terá mais um deus como seu inimigo.

HÉRACLES

Mesmo ele não será pior do que Hera, a esposa de Zeus, que me odeia porque sou filho de uma traição conjugal de seu marido e me persegue desde o berço. Podem estar certos de que eu, o filho de Alcmena, jamais recuarei diante de um inimigo!

[Admeto sai do palácio com os cabelos cortados rente, vestido inteiramente de preto e acompanhado por alguns servos.]

CORIFEU

[Para Héracles:]

Lá está Admeto, o soberano desta terra.

ADMETO

Seja bem-vindo, filho de Zeus.

HÉRACLES

Salve, Admeto! Por que você está de luto?

ADMETO

Por conta da morte de alguém da casa. Estamos em meio aos funerais.

HÉRACLES

Que os deuses protejam para sempre os seus filhos.

ADMETO

Meus filhos estão bem.

HÉRACLES

Terá sido o seu pai, então? Já era tempo de ele partir.

ADMETO

Ele não concordaria com isso. Mas está bem, e minha mãe também.

HÉRACLES

Não me diga que morreu a sua mulher, Alceste.

ADMETO

Não posso lhe dar uma resposta precisa quanto a ela. Alceste está morta e não está, filho de Zeus e Alcmena.

HÉRACLES

Não entendo. Como assim?

ADMETO

Não sabe que ela aceitou morrer por mim? E quem entregou a vida já está morto, não existe mais.

HÉRACLES

Há uma grande diferença. Você não devia já começar a chorar por ela, se ainda não está morta.

ADMETO

Penso diferente de você, grande Héracles.

HÉRACLES

Mas, afinal, quem morreu de fato? Um dos seus amigos?

ADMETO

Uma mulher. Agora mesmo estávamos falando nela.

HÉRACLES

Mas é alguém da sua família?

ADMETO

Não, de nascença. Mas se ligou à família.

HÉRACLES

[Fazendo menção de retirar-se.]

É lamentável que eu o encontre numa hora de tanto pesar, Admeto. Vou seguir meu caminho, então. Adeus.

ADMETO

Mas quais eram as suas intenções, Héracles?

HÉRACLES

[Já se afastando alguns passos.]

Vou procurar outro anfitrião.

ADMETO

[Retendo Héracles.]

Espere. Não posso admitir uma desonra dessa para minha casa.

HÉRACLES

Não é desonra nenhuma. Num momento de aflição como o que você está vivendo, seria bastante inoportuno receber hóspedes.

ADMETO

Nada poderia reviver os mortos. Você fica comigo em meu palácio.

HÉRACLES

Não, Admeto. Como um hóspede poderia encontrar alegria junto a um amigo tão abatido?

ADMETO

Em meu palácio, a ala dos hóspedes fica separada da ala principal. Você terá toda a privacidade. Vamos.

HÉRACLES

Fico muito agradecido, mas insisto que devo ir embora.

ADMETO

De modo algum. Não admito que você se hospede em nenhuma outra casa.

[Para um servo:]

Aqui, leve Héracles à ala dos hóspedes. Providencie que ele seja servido de refeições fartas.

[Héracles é levado por um servo para uma das entradas laterais do palácio. Admeto se dirige a seus outros servos:]

Fechem todas as portas de comunicação com a ala de hóspedes. Não podemos admitir que Héracles se perturbe com nossa lamentação.

CORIFEU

Mas que loucura você está fazendo! Por que não lhe disse a verdade? Como você vai arranjar ânimo para se mostrar hospitaleiro?

ADMETO

Se eu tivesse deixado Héracles ir embora, isso não diminuiria minha tristeza e, ainda por cima, eu teria faltado com meus deveres de hospitalidade. Não, melhor deixá-lo ficar. Não importa. Na verdade, nada importa.

[Admeto retorna para dentro do palácio.]

CORO

Ah, sim, este palácio que sempre esteve aberto a todos os hóspedes, recebendo-os com generosidade. Este palácio que recebeu deuses, inclusive o próprio Apolo, que por aqui ficou enquanto corria as montanhas, trabalhando como pastor e tocando sua flauta para acalmar as feras. E tantas acorreram para escutá-lo, até mesmo de terras distantes: os linces pintados, os bandos de leões, as estranhas corsas com listras. Ah, sim, este palácio que recolheu tantas histórias e cantos hoje, então, recebe Héracles, numa hora em que Admeto ainda chorava abraçado ao cadáver de sua adorada esposa.

Mas sabemos admirar os sentimentos mais nobres, como o da hospitalidade. Assim como acreditamos que os mortais que se atenham a estes princípios, no final, encontrarão a felicidade.

[Admeto sai novamente do palácio, acompanhado de alguns servos que vêm carregando o estrado fúnebre com o cadáver de Alceste em cima.]

ADMETO

Habitantes de Feras, escutem! Vocês que sempre foram tão fiéis a mim, aqui está o cadáver de minha esposa pronto para seguir para a pira

fúnebre. Vamos, portanto, cumprir inteiro o ritual desta que será a última jornada de nossa querida defunta.

[Surge o velho Feres, pai de Admeto, com passos hesitantes.]

CORIFEU

Admeto, lá vem seu pai. Ele também está de luto.

FERES

Filho, venho compartilhar com você da sua dor. E ela foi a melhor das esposas. Graças a ela, não me tornei um pai sem filhos, nem vou definhar em meus últimos anos da dor e da saudade que a sua perda me causaria.

[Falando para o cadáver, junto ao estrado fúnebre:]

Alceste, boa Alceste. Que você tenha a seu favor a misericórdia no Reino de Hades. Sim, este é meu voto, e reconheço aqui, diante de seu corpo, que são esposas como você que fazem valer a pena contrairmos matrimônio.

ADMETO

Feres, você não foi convidado para este funeral. Não considero você meu amigo, nem Alceste deve receber suas homenagens. Ela não tem necessidade de nada disso para descer ao sepulcro. Quem sabe os seus sentimentos tivessem algum cabimento quando eu estive prestes a morrer. Só que, então, você ficou a uma prudente distância, não foi? E deixou outra criatura fazer o sacrifício que cabia a você.

Então, agora, quer lamentar a morte dela. Mas você nunca foi meu pai, e aquela que se diz minha mãe não pode ter sido quem me deu a vida. Devo ser filho de servos do palácio, e talvez meus pais verdadeiros tenham me rejeitado antes mesmo de eu nascer. Talvez eu tenha sido filho de um adultério e entregue a vocês em segredo. Quando você poderia ter demonstrado seu amor, que agora proclama tão alto, não fez o que devia. O que adianta, agora, toda essa tristeza?

Ah, sim, você diz que ama o seu filho? Então que belo sacrifício teve a oportunidade de fazer por ele. E o que você estaria perdendo, de fato? Quanto tempo acha que ainda lhe resta de vida? Muito pouco. Um nada. E nem sequer desse pouco você foi capaz de abrir mão. Ah, Alceste é que deveria estar viva aqui, ao meu lado, e gozaríamos toda a vida que tínhamos pela frente. E havia tanto para viver...

Você, desde jovem, já era o senhor deste palácio e deste povo. Você e minha mãe tiveram grandes venturas. Então, ouçam... É melhor que cuidem agora de ter um filho. Senão, quando a inevitável morte chegar, não serei eu a dar a você um funeral. Na verdade, é pura hipocrisia dos velhos reclamarem da velhice e pedirem a morte. Quando a hora chega, nenhum deles se dispõe a seguir para o inferno de Hades e se agarram avaramente aos fiapos de vida que os seguram aqui, mesmo com o sacrifício infame dos mais novos.

CORIFEU

Admeto! Já não chega a dor da morte de Alceste? Por favor, evite ainda por cima provocar o seu pai.

FERES

Está contente, Admeto? Seus insultos me esmagaram como se eu fosse o mais baixo dos seus servos. Agora, então, está na hora da minha resposta.

Posso ser o seu pai, mas nada me obriga a morrer no seu lugar. Não há em nossas tradições nenhuma lei que imponha os pais a morrerem pelos filhos. Admeto, já lhe demos a vida. E você nasceu para ser quem é, seja feliz ou infeliz. Já lhe passamos muitos súditos e propriedades, e mais ainda você receberá com a minha morte e a da sua mãe. Que mal fiz a você? Ninguém pode me cobrar morrer por você, como não podem cobrar de você que morra por mim.

Ah, então, você queria continuar vendo o sol, todos os dias? E acha que eu tenho menos prazer com isso do que você? Mesmo a vida mais breve tem seus encantos, e o que desespera você, Admeto, é simplesmente o fato de ter aceitado o sacrifício de sua própria mulher para salvar a sua vida.

Você me acusa de covardia, e pode existir covarde pior do que você? Você, também, um homem maduro que permitiu que essa bela adolescente morresse em seu lugar? Talvez você tenha encontrado o jeito mais fácil e engenhoso de se tornar um imortal, que seria realizar casamentos com pessoas a quem possa convencer de morrerem em seu lugar. Mas como você pode insultar os seus pais dessa maneira, quando o seu comportamento imoral é tão evidente?

ADMETO

Como você se atreve? Eu…

FERES

Calado! Então, você se dá o direito de se apegar à própria vida. Mas ocorre que todos são apegados à vida.

CORIFEU

Chega! Chega! Ele é seu filho! Não pode suportar isso!

ADMETO

Não, deixe que ele fale. Depois eu provarei o quanto ele agiu errado comigo.

FERES

Agiria mais errado se tivesse aceito morrer em seu lugar.

ADMETO

Então, é indiferente morrer jovem ou velho?

FERES

Seja qual for a vida que se tenha, é a única que possuímos.

ADMETO

Se é assim, você deve estar querendo chegar à idade de Zeus.

FERES

Insisto... Como você se sente levando o corpo de sua esposa ao túmulo, se ela é que deveria estar conduzindo o seu cadáver, neste funeral?

ADMETO

São as palavras de um velho covarde!

FERES

Mas a culpa da morte dela não é minha!

ADMETO

Queiram os deuses que um dia você necessite de mim.

FERES

E que você arranje logo outra esposa para salvá-lo de novo da morte!

ADMETO

Não tem vergonha de ter tanto medo de morrer?

FERES

Ah, não se trata de medo! Prezo demais a claridade que estes olhos ainda verão.

ADMETO

Covarde! Nem parece um homem!

FERES

Porque não lhe dei o prazer de ver um velho morrer?

ADMETO

Você não escapará da morte! Apenas vai ao seu encontro desonrado!

FERES

Ora, de que me valerá honra ou desonra depois que estiver morto?

ADMETO

E ainda dizem que a idade traz a sabedoria...

FERES

E traz. A sabedoria que faltou a Alceste ao se sacrificar por você.

ADMETO

Suma da minha frente! Deixe que eu sepulte em paz minha esposa.

FERES

Ah, sim, já estou indo. E cabe mesmo a você enterrá-la. Foi você quem a assassinou. Mas, um dia, a família de Alceste irá fazer você pagar por este crime. Acasto é um homem de verdade e não deixará de lhe dar o castigo que você merece.

[Feres sai com seus servos.]

ADMETO

[Fala para Feres, já às costas do pai:]

Malditos sejam você e sua mulher! Vocês não têm mais filho. Nunca mais pisarei a sua casa, nem admitirei vocês em minha presença. E se eu pudesse renegar aqueles que me geraram por um decreto faria isso neste instante.

[Para o cortejo fúnebre:]

Quanto a nós, vamos! Temos que enfrentar nossa desgraça. Está na hora de levar minha esposa para a pira funerária.

[O cortejo se afasta, em passos lentos, seguido pelo coro.]

CORO

Ah, Alceste, você foi tão corajosa. Mulher nenhuma jamais se igualará a você. Adeus, adeus! Que Hermes lhe faça boa companhia, em sua viagem para os reinos subterrâneos de Hades. E se nas profundezas infernais suas qualidades valerem de alguma coisa, que Perséfone, esposa do rei do Reino dos Mortos, a tome sob sua proteção.

[Pouco depois, sai do palácio o servo que acompanhara Héracles a seus aposentos.]

SERVO

Juro que este é o pior dos hóspedes que o palácio do rei Admeto já recebeu. Ora, e por aqui já passou gente de toda espécie, e fui eu sempre quem os serviu. Mas este herói passa da conta.

Viu a tristeza de meu senhor, e mesmo assim aceitou sua hospitalidade. Depois, apesar de ter conhecimento de toda a nossa infelicidade, não se contentou com o serviço discreto, mas digno, que lhe oferecemos. Quis beber e comer de tudo, até se embriagar. E começou a cantar como um desvairado, como se fosse um coro profano, acompanhando os lamentos que ressoavam por toda a casa.

E a tudo isso precisamos assistir, enquanto sofríamos com nossa dor. E sempre disfarçando nosso luto, segundo as ordens de nosso amo. Escondemos nossas lágrimas, enquanto o servíamos, mas tristes ainda por não podermos acompanhar o último trajeto dessa que foi para mim e para todos os servos da casa uma verdadeira mãe. Não era ela quem sempre nos defendia, quando seu marido, tomado de cólera, queria nos castigar? Sim, uma mãe. E por causa desse hóspede desprezível não pudemos nos despedir dela.

[Héracles sai do palácio, usando uma coroa de folhas de mirto e com uma enorme taça nas mãos. Ele cambaleia e suas palavras soam a embriaguez:]

HÉRACLES

Servo de Admeto, que tristeza é essa? Por que esse luto, essa sua cabeça raspada e essas suas roupas negras? Sua obrigação é servir aos hóspedes sem demonstrar desagrado, sejam lá quais forem os problemas por que esteja passando. Como então você ousa exibir essa sua cara sombria a um amigo do rei? Ora, deixe eu lhe ensinar uma coisa. Sim, algo que você parece desconhecer. Todos morremos, mais cedo ou mais tarde. Na verdade, quem pode dizer que acordará vivo amanhã? Ninguém é capaz de prever seu futuro, e nenhum conhecimento jamais controlará o destino.

Então, agora que aprendeu isso, me traga mais vinho. Quero música! Quero alegria em torno de mim. Nós, os mortais, somos donos apenas de nosso presente e o resto está fora de nossas mãos. Assim, beba comigo e festeje o fato de estar vivo aqui e agora. Viva Dionísio, o deus mais generoso em relação aos mortais. Dele vêm os maiores prazeres a que temos direito neste mundo.

Vem, deixa de lado a sua tristeza. Vamos fazer nossas taças dançarem. Enfeita a sua cabeça! Para as pessoas amarguradas, a vida só é feita de desgraças. Não sabem apreciar o que ela pode nos oferecer.

SERVO

Sei disso tudo, grande herói! E sinto muito se no momento não sou capaz de acompanhá-lo em sua alegria.

HÉRACLES

Ora, o que é isso, tanta choradeira por uma estranha. Pelo menos, os seus senhores estão vivos e bem.

SERVO

Como? Será que você não sabe o que aconteceu?

HÉRACLES

Como não sei... ? Então Admeto mentiu para mim?

SERVO

É o que parece. Mentiu, por dever de hospitalidade.

HÉRACLES

Mas quem morreu, afinal? Uma criança? O idoso pai de meu amigo?

SERVO

Foi Alceste, a esposa de Admeto.

HÉRACLES

Não, não pode ser!

SERVO

Todos no palácio estamos sofrendo muito essa perda!

HÉRACLES

Mas como ele me hospedou num momento desses?

SERVO

Seria uma vergonha para ele que o senhor fosse procurar outra casa para passar a noite.

HÉRACLES

Que infelicidade! Logo ela, tão jovem. A melhor das companheiras... Sim, tive um pressentimento quando o vi de cabeça raspada, seu rosto banhado de lágrimas. Mas imaginei que ele chorasse a morte de um parente distante ou de um amigo. Como pude ser tão insensível?

[Héracles atira longe a sua taça e arranca a guirlanda.]

Embebedar-me numa casa ferida dessa maneira tão cruel! Dançar e cantar em meio ao luto do meu amigo!...

[Ele se volta furioso para o servo de Admeto, que se encolhe, temendo pela vida.]

E você, infeliz! Por que não me disse nada? Onde está Admeto agora?

SERVO

[Já fugindo para dentro do palácio.]

Está junto à pira da esposa, fora da cidade. O senhor encontrará facilmente o local.

HÉRACLES

Que os deuses que me protegem venham em meu auxílio, neste momento, para eu poder remediar meu comportamento tão desgraçado. Que meu coração, que já suportou tantas provas, e meu braço, de tantas batalhas, não me falhem. Vou mostrar o que pode fazer o filho de Zeus e de Alcmena. Sim, só há uma coisa a fazer. Vou trazer Alceste de volta a este palácio. Vou ficar de guarda, junto à pira, e aguardar a chegada da Morte, aquela que carrega os falecidos, com suas vestes negras.

Logo ela chegará para beber o sangue ainda quente de sua vítima, mas não sabe o que a aguarda. Saltarei sobre ela, a espremerei entre os meus braços e nada a salvará do meu aperto enquanto não me devolver Alceste.

Mas, se por acaso eu não conseguir manter presa a Morte ou se ela não vier colher a oferenda que lhe foi deixada, então descerei ao inferno. Irei até aquelas entranhas da Terra, onde fica a morada de Hades e Perséfone. Lá, onde o sol não aparece, farei aos dois meu pedido, e tenho grandes esperanças de que me atendam. Então, trarei Alceste de volta à luz do dia e a devolverei aos braços desse meu anfitrião.

Ah, que amigo! Como suportou disfarçar a sua dor apenas para me oferecer acolhida? Quanta consideração teve por este hóspede tão detestável. Em lugar nenhum eu receberia tamanha hospitalidade. Mas eu, Héracles, saberei retribuir o que ele fez por mim.

[Héracles sai. Logo a seguir, volta Admeto, acompanhado do cortejo fúnebre e pelo coro.]

ADMETO

Ah... Como é terrível voltar para este palácio. Assim como eu jamais reverei Alceste, também esta casa jamais me terá de volta. Eu também perdi a vida; agora, não tenho mais lugar que seja meu, sem minha esposa querida. Sim, tenho inveja dos mortos. O que mais queria, agora, é ser um deles. A única casa em que poderei habitar será a definitiva, as trevas infernais. A luz do dia não me traz nenhuma alegria, nem poder pisar este solo. De que me adianta isso? A horrenda Morte levou minha esposa, no meu lugar, para entregá-la a Hades. Mas, se era a mim que queria, por que não vem me pegar agora?

CORO

Sua esposa já está nos reinos subterrâneos, Admeto! E esse seu pranto não pode mais alcançá-la. De nada serve chorar agora. Vamos, entra no seu palácio.

ADMETO

Pobre Alceste! O que ela fez de mal? Não teria sido melhor eu jamais tê-la escolhido para minha esposa? Que inveja eu sinto dos homens que desprezam o casamento e os filhos. Sua única preocupação é a própria vida, e isso é bastante suportável. Mas perder os filhos por doença ou ter de se deparar, de uma hora para outra, com o vazio do leito conjugal são coisas que nos fazem pensar se não seria melhor viver sem companheira nem descendentes.

CORO

Sim, Admeto! O destino está sempre à nossa espreita. Ele é nosso inimigo mais terrível!

[Admeto tomba de joelhos em total abatimento.]

Mas você não é o primeiro mortal a sofrer uma perda dessas. Levante-se, Admeto!

ADMETO

Meu luto jamais terminará. Pobre Alceste, tragada agora para as profundezas infernais! Por que me impediram de me jogar na pira? Para, pelo menos, poder me deitar mais uma vez ao seu lado? Tomaríamos juntos o barco para atravessar o rio Estige, e Hades ficaria satisfeito. Receberia duas almas com apenas um golpe de sua serviçal.

CORO

Um parente meu perdeu o filho. E mesmo assim suportou bem a dor de não ver o rapaz perto de si, quando seus cabelos começaram a ficar grisalhos. Levante-se, Admeto. Entre logo no seu palácio.

[Admeto se ergue, encaminha-se para a entrada do palácio, mas se detém de novo, fazendo uma longa pausa, antes de falar:]

ADMETO

Ah, esse nosso palácio tão lindo. Como posso habitá-lo sem minha esposa? Foi há tantos anos, já, que no dia de nosso casamento, entramos aqui de mãos dadas. E havia um cortejo festivo, alegre, ruidoso, que nos desejava o melhor dos destinos. Todos aqueles nobres, das melhores famílias, comemorando nossa união. E agora só ouço o lamento fúnebre como resposta àqueles cânticos conjugais. Em vez das roupas brancas e imaculadas, o nojo preto do luto é que vai me acompanhar para nosso leito.

CORO

Mas você está vivo, Admeto. Conseguiu se salvar da sanha da Morte. Sim, você perdeu sua esposa, mas a quantos casais a Morte já separou neste mundo?

ADMETO

Pode não parecer, mas minha mulher é mais feliz do que eu neste momento. Sim, é o que eu creio, porque nenhuma dor mais pode feri-la. Ela encontrou o fim de todos os sofrimentos. E eu, que não desejo mais viver, escapei da hora fatal apenas para continuar existindo em agonia.

Foi isso, agora estou percebendo. E agora, a quem vou procurar primeiro quando entrar em minha casa? Para quem vou reservar minhas primeiras palavras? Quem vai me consolar das muitas lutas travadas aqui fora? Esta não será mais a minha casa, mas a casa da solidão. Ela é que será a rainha deste lar, agora. A mim restará a visão de nosso leito mutilado, das cadeiras que ela costumava ocupar, agora vazias, de meus filhos, desconsolados, e de todos os servos chorando de saudade. Uma saudade sem remédio.

Assim será minha vida, neste palácio. E fora dele? Como vou poder suportar as festas de casamento dos cidadãos deste reino ou ver os casais felizes, marido e esposa, lado a lado? Meus inimigos ficarão satisfeitos em me lembrar para sempre que sou aquele que não teve coragem de enfrentar a Morte. Que entreguei minha esposa, em meu lugar, da maneira mais covarde e desprezível, ao chamado de Hades. E ainda vão me dizer que, na minha pretensão sem medida, não fui capaz de aceitar a morte, decorrência de minha condição humana, e que o ódio que deveria ter por mim mesmo voltei contra meus pais. Então, do que valerá continuar vivendo em meio a tanto desprezo e melancolia?

[Admeto cobre o rosto com a ponta do seu manto e permanece imóvel diante do palácio.]

CORO

Nós já nos aventuramos pelos jardins das Musas e de lá ganhamos a inspiração para voos mais elevados. Já estudamos muitas doutrinas também. Entretanto, jamais encontramos remédio para a fatalidade. Nada que nos permitisse lutar contra o inevitável. Nem na poesia e na música de Orfeu, nem na medicina ensinada por Apolo aos discípulos de seu filho Asclépio, nem nas ervas que se dão aos mortais para afastar suas enfermidades.

Estamos indefesos contra Destino, e essa deusa tão poderosa é a única para a qual não se erguem altares. Não adianta lhe render homenagens e sacrifícios. Ela não se comove diante da devoção e apenas se move em resposta a um sinal dado pela cabeça de Zeus, que a encarrega de cumprir seus desígnios. Suas decisões são irrecorríveis. Impiedosas.

Sim, foi esta divindade que se abateu sobre você, Admeto, e não há como corrigir os atos dela. Não adiantam mais o seu pranto, nem o seu arrependimento. Nada que você fizer poderá devolver a vida àquela que está morta. Mesmo os deuses perdem seus entes queridos.

Sabemos que, mesmo tragada pelas trevas, Alceste continua sendo amada. Ela, como sua esposa, deu corpo a toda felicidade conjugal que um ser humano pode conhecer. Então, que não se diga que ela desapareceu do mundo quando passarem por sua sepultura. Que ela seja homenageada como uma divindade, por seu sacrifício, daqui para todo o sempre.

CORIFEU

[Adiantando-se, vê chegar Héracles, trazendo pela mão uma mulher inteiramente coberta por um véu.]

Olhem! É o filho de Alcmena! Mas quem é essa mulher que traz consigo?

HÉRACLES

[Dirigindo-se a Admeto:]

Vou ser sincero com você, Admeto. Não adianta eu guardar para mim o que tenho a lhe dizer. Quando soube de sua infelicidade, pretendi lhe demonstrar a minha amizade, mas a verdade é que você mentiu para mim. Escondeu de mim que era a sua esposa que todos choravam neste palácio. Agiu como se fosse alguém de fora e que seu luto fosse apenas um gesto de solidariedade em relação à dor alheia. Por isso, cantei, dancei, bebi. Comemorei a vida como uma dádiva dos deuses e ofereci a eles a minha alegria como gratidão por estar neste mundo. Isso enquanto a

sua casa vivia uma desgraça. Não posso perdoar você por isso, rei Admeto. Achei seu tratamento para comigo inaceitável, e até agora estou ressentido.

[Héracles faz uma pausa, encarando Admeto, e depois prossegue:]

Mas não estou aqui, diante de você, para lhe causar ainda mais sofrimento. Havia me retirado da sua casa e, se retorno agora, tenho um propósito. Está vendo, é claro, esta mulher que trouxe comigo. Peço que a hospede em seu palácio, até meu retorno, quando então trarei comigo as éguas carnívoras da Trácia, depois de ter matado seu dono, Diomedes. Que os deuses me protejam e me permitam voltar vivo. Mas, se, por acaso, eu morrer na tentativa de cumprir minha tarefa, que ela fique no seu palácio e sob a sua guarda.

Foi com muito esforço que a conquistei. Ocorreu que, no meu caminho, deixando seu palácio, cheguei a um lugar onde se disputavam competições esportivas. Só os melhores atletas concorriam ao prêmio, e eu a ganhei como troféu por ter vencido as provas mais difíceis.

Nas mais fáceis, os vencedores recebiam cavalos como prêmio. Em outras, mais importantes, como as modalidades de luta, o prêmio eram cabeças de gado. Mas só ao grande vencedor caberia esta mulher. Seria uma vergonha para mim, estando ali presente, deixar de competir, e foi o que fiz.

Então, veja, não tive de matar nem roubar para consegui-la. Ganhei-a graças ao meu esforço e habilidade. Fique com ela sob a sua guarda e, embora esteja me prestando um favor, algum dia talvez venha me agradecer por meu pedido.

ADMETO

Meu bom amigo, não lhe menti por falta de amizade ou de consideração, mas porque, se você fosse procurar a hospitalidade em outra casa, além do que eu já sofria pela perda da minha esposa, iria se acrescentar esse constrangimento. Mas, agora que você já sabe o que ocorreu na minha vida, por favor, por piedade, entregue essa mulher a um outro homem. A presença dela em meu palácio só iria me fazer sofrer mais ainda. Você tem muitos amigos nesta cidade e não precisa acentuar a minha dor ainda mais, vendo outra mulher, que não minha esposa, a andar pelo meu palácio.

E como poderei honrar o compromisso de guardá-la para você? Mesmo com o seu véu, percebo por seu porte que é uma jovem, e deve ser muito bonita, para ter lhe sido dada como prêmio de uma nobre competição esportiva. No meu palácio, há muitos homens, principalmente jovens, e a juventude não é fácil de ser contida. Como eu poderia preservá-la para você? Não há aposentos para ela em meu palácio, a não ser que lhe desse os da minha esposa. E como eu suportaria vê-la ocupando-os? Como poderia deixar que ela dormisse na cama que foi de Alceste? Se fizesse isso, os meus súditos, com razão, iriam me desprezar. Seria como trair a cama e a memória de minha mulher, morta ainda há pouco.

[Dirigindo-se à mulher:]

Ainda mais porque, você, mulher, me lembra um pouco minha esposa, que acabei de entregar aos reinos infernais.

[Voltando-se para Héracles, horrorizado:]

Não, por piedade, afaste-a de mim. Leve-a para bem longe dos meus olhos, eu imploro, pelos deuses mais misericordiosos. De que valerá conseguir que eu, um homem arrasado, ceda ao seu pedido? Só de olhar esta mulher, penso na minha Alceste. Só pode ser loucura. A dor está tirando tudo o que pode de mim.

HÉRACLES

Se eu tivesse o poder de trazer de volta a sua Alceste, eu o faria, nem que tivesse de resgatá-la das entranhas dos reinos infernais.

ADMETO

Sei muito bem que você faria isso. Mas do que adianta pensar nisso agora? Os mortos não retornam à luz do dia.

HÉRACLES

Mas também não adianta se enterrar no próprio sofrimento. Você precisa reagir!

ADMETO

É muito fácil dar um conselho desses a outra pessoa. Difícil é suportar o sofrimento. Não há como possa lhe dizer o que estou sentindo neste momento.

HÉRACLES

Você perdeu uma boa mulher, Admeto. Mas sabemos que a sua ferida irá se curar.

ADMETO

A única cura que posso esperar do tempo é quando ele me trouxer a morte.

HÉRACLES

Não, bom rei. Falo de outra mulher. De outro casamento!

ADMETO

Como? Não diga uma coisa dessas. Não acredito que você seja capaz de me ofender dessa maneira.

HÉRACLES

Ora, vai me dizer que jamais voltará a se casar? Que nunca mais se deitará com outra mulher?

ADMETO

Nunca!

HÉRACLES

Mas, por quê? Acha que assim estará prestando uma homenagem à falecida?

ADMETO

Sim, onde quer que ela esteja, será a única mulher da minha vida.

HÉRACLES

Bem, eu o admiro por se sentir assim, mesmo sabendo que se trata apenas de loucura.

ADMETO

Que eu morra, se algum dia chegar a trair a memória da minha esposa.

HÉRACLES

[Entregando a mulher para Admeto:]

Nesse caso, se está tão decidido, não há por que deixar de receber essa mulher em seu palácio.

ADMETO

[Afastando-a.]

Por Zeus, seu pai, não! Eu suplico!

HÉRACLES

Garanto que você estará cometendo um erro se não me atender.

ADMETO

Mas será um suplício a mais para o meu coração.

HÉRACLES

Você ainda ficará feliz por ter feito o que lhe peço.

ADMETO

Triste hora em que você a ganhou como prêmio.

HÉRACLES

O prêmio foi meu e seu, Admeto.

ADMETO

Não. Por favor. Mande que ela vá embora.

HÉRACLES

Farei isso depois, se for ainda o seu desejo. Mas sei muito bem por que estou insistindo tanto.

ADMETO

Eu me submeto, então, à sua vontade, apesar do mal que isso irá me causar. Leve-a para dentro. Que meus servos cuidem dela.

HÉRACLES

Eu jamais a entregaria a seus servos. Somente a você. Vou deixá-la nas suas mãos.

ADMETO

Não vou tocar nela. Se quiser, que entre no palácio por sua própria conta.

HÉRACLES

Não, estou dizendo que só tenho confiança de deixá-la se a sua própria mão pegar a dela e a levar para dentro.

ADMETO

Por que está me impondo todo esse constrangimento?

HÉRACLES

Tenho meus motivos. Vamos, pegue a mão dela.

ADMETO

[Vira o rosto e estende a mão para a mulher com véu.]

Aqui está a minha mão. Ela pode segurá-la.

HÉRACLES

Mas você precisa fazer isso como se fosse como cortar a cabeça da Medusa? Nem sequer se atreve a olhá-la? Então, a mulher segurou a sua mão?

ADMETO

Sim, segurou.

HÉRACLES

[Chegando junto da mulher, então, e levantando o seu véu. É Alceste.]

Cuide bem dela, então. E diga agora como o filho de Zeus é um bom hóspede. Desvire o rosto, Admeto! Olhe para ela!

ADMETO

[Solta a mão de Alceste e recua assombrado.]

Mas, não... Como pode ser? É minha esposa? Alceste! Ou é mais uma zombaria cruel de algum deus?

HÉRACLES

Não, Admeto. É realmente Alceste!

ADMETO

Não é possível! Tem de ser um fantasma surgido dos infernos.

HÉRACLES

Esse seu hóspede não é um condutor dos mortos.

ADMETO

Mas eu a deixei na pira! Sepultei suas cinzas! Posso tocá-la? Ela está viva?

HÉRACLES

Fale com ela, toque-a. Faça tudo o que for da sua vontade. E que os deuses que foram privados dessa vítima poupem você.

ADMETO

[Abraçando Alceste.]

Ah, minha esposa tão amada. É o seu rosto? É o seu corpo? Nunca esperava poder pôr os olhos em você outra vez.

[Para Héracles:]

Mas, o que aconteceu? Ah, maravilhoso filho de Zeus! Que o seu pai sempre o abençoe! Somente você poderia recompor nosso lar desfeito pela tragédia. Mas como você conseguiu trazê-la de novo para a luz do sol?

HÉRACLES

Bem, apenas tive de lutar contra o deus que a tinha aprisionado.

ADMETO

Quer dizer que você lutou contra a Morte? E como foi isso?

HÉRACLES

Eu me ocultei perto da sepultura e, quando a Morte chegou, eu a agarrei e a obriguei a me devolver Alceste.

ADMETO

E por que ela não fala comigo?

HÉRACLES

Porque seu espírito foi consagrado aos deuses infernais. Alceste passará um tempo, ainda, até se purificar da Morte que a tocou. Mas o sol e sua luz divina cuidarão disso. Daqui a três dias, tornará a falar. Quanto a você, continue a honrar seus deveres de hospitalidade para com os forasteiros. Agora, adeus! Preciso cuidar das éguas de Diomedes.

ADMETO

Não, fique! Festeje conosco nosso renascimento. Minha casa é sua.

HÉRACLES

Em outra ocasião, se os deuses me permitirem. Adeus!

ADMETO

Então, que os deuses sempre o protejam, Héracles. E que você possa voltar em breve.

[Para o coro:]

Ordeno que esta cidade e todo o meu reino comemorem a felicidade que nos foi devolvida de modo tão miraculoso. Que bois sejam sacrificados aos deuses, que os senhores do Olimpo se deliciem com o cheiro que se elevar das fogueiras. Não estamos mais de luto, mas em festa, e que todos proclamem isso imediatamente!

[Admeto entra no palácio, levando Alceste pela mão.]

CORO

A vontade dos deuses é impregnada de caprichos e mistérios. Nem sempre acontece o que era esperado. No momento final, como que para provarem o quanto são poderosos, eles nos surpreendem. E assim termina esta história.

POSFÁCIO

Hércules ou Héracles, o mais famoso dos heróis gregos, é também um dos mais complexos personagens da mitologia. É impossível entendê-lo segundo padrões regulares de *bom* e *mau*. Filho de Zeus e de Alcmena — a esposa de Anfitrião, cuja aparência Zeus assumiu para poder possuí-la, além de estender a noite para um período três vezes maior do que o normal —, havia nele tanto um enternecimento humano quanto o desprezo pela vida dos mortais e um orgulho próprio dos deuses.

Foi casado com Megara, com quem teve vários filhos, mas, embriagado, matou-os todos e à esposa. Para penitenciar-se por esse crime, submeteu-se ao rei Euristeu, de Argos, que lhe atribuiu *doze trabalhos* sobre-humanos, ao fim dos quais reconquistou a liberdade. O tempo todo sofreu a perseguição de Hera, a esposa de Zeus, que era quem engendrava as tarefas de Hércules, com o propósito de vê-lo morto. Hera ressentia-se de todas as infidelidades do marido e, não podendo atingi-lo, vingava-se nos filhos dele.

Ao longo desses doze trabalhos, Hércules, como outros heróis, cuidou de liquidar as aberrações e monstruosidades que restaram no mundo, mesmo depois de Zeus tê-las expulsado para iniciar a Criação. Era a continuidade ou os arremates da obra de Zeus. O ser humano não poderia subsistir num mundo em que existissem criaturas fora de toda lógica. Não poderia entender esse mundo, nem construir a civilização. Assim, Hércules liquidou com o Leão de Nemeia, cuja pele era impenetrável a lanças e flechas, a Hidra de Lerna, um dragão de nove cabeças, sendo que, ao ser cortada uma delas, logo outra brotava para substituí-la, e muitos outros monstros.

Quando Hércules entra em cena, em *Alceste*, está a caminho de cumprir seu oitavo trabalho. O rei Diomedes, da Trácia, possuía éguas que só se alimentavam de carne humana. A primeira medida de Hércules foi jogar o próprio rei na cavalariça para que ele fosse devorado por suas éguas. Depois as matou ou, segundo outras versões, levou-as para Euristeu.

Além de Hércules, outros famosos heróis, como Perseu,[41] que matou a Medusa, Teseu,[42] que matou o Minotauro,[43] Édipo,[44] que triunfou sofre a Esfinge[45] e levou-a ao suicídio, marcaram esse ciclo de lendas e mitos, que representou, segundo muitos, a forja na qual os valores morais e os costumes da sociedade grega iam tomando forma — e a discussão ética é bem o fundo da tragédia *Alceste*.

Eurípides nasceu em Salamina, uma ilha próxima a Atenas, no ano aproximado de 485 a.C. Alguns relatam que ele era de família aristocrática, outros, que era filho de um taberneiro. Estreou nos festivais de dramaturgia atenienses — concursos que escolhiam a melhor peça por voto dos espectadores — em 445 a.C. Escreveu cerca de 70 peças (há fontes que afirmam que escreveu 92), das quais apenas 19 chegaram até nós. *Alceste* deve ter sido apresentada no festival de 445 a.C., surpreendendo pelo fato de ser uma tragédia com um *final feliz*, transição

---

41 **Perseu**: Filho de Zeus e Danae, a quem seduziu sob a forma de uma chuva de ouro. Matou a Medusa.

42 **Teseu**: Rei de Atenas. Na juventude, matou o Minotauro. É o herói cujas lendas mais se aproximam das de Hércules.

43 **Minotauro**: Monstro gigante com cabeça de touro e corpo humano. Só se alimentava de carne humana. Vivia num labirinto na ilha de Creta — uma civilização que dominou o Mediterrâneo antes de a Grécia assumir o controle marítimo da região. Foi morto por Teseu.

44 **Édipo**: Édipo decifrou o enigma da Esfinge e por isso tornou-se rei de Tebas. Mas, tendo sido criado desde recém-nascido fora do lar e desconhecendo seus pais, matara seu pai, Laio, sem saber quem era, e casou-se com sua mãe, Jocasta, também desconhecendo o parentesco. Foi por isso amaldiçoado pelos deuses.

45 **Esfinge**: Besta com corpo de leão, asas, busto e cabeça de mulher, garras e cauda de dragão. A todos que tomavam o caminho de Tebas, a Esfinge propunha um enigma que só Édipo decifrou. Diante disso, ela se atirou de um precipício, matando-se. Diferentemente dos demais *monstros* mitológicos, a Esfinge tinha pleno raciocínio — tanto que até mesmo escolheu matar a si mesma — e o poder da fala, combinando, portanto, características de besta (além de sua forma exótica, devorava os que falhavam em decifrar seu enigma) e civilização.

para outros gêneros dramáticos, e também pela importância que deu a um papel feminino, o de sua personagem-título. A ousadia teve como preço o pouco sucesso, nos festivais, e algumas perseguições, que o levaram a se exilar na Macedônia. Consta que morreu tragicamente, num acidente, devorado pelos cães de guarda do rei Aquelau. A consagração de sua obra veio com a posteridade.

PARA DISCUSSÃO E APROFUNDAMENTO

- Os mitos da cultura clássica grega foram *relidos*, reinterpretados, em vários momentos da história da cultura ocidental. *Os Lusíadas*, de Camões, escrito no século XVI, estão povoados de deuses e monstros tirados dessa fonte. Também na pintura e na escultura, no Renascimento e no Arcadismo (inclusive na versão brasileira dele, que reuniu os Inconfidentes de Minas Gerais como poetas e rebeldes). Um passeio por obras que tenham como referência a mitologia grega pode fornecer um quadro ampliado de sua permanência através dos séculos sob diferentes óticas.

- Há muitas narrativas simbólicas ou mitológicas que se referem ao momento em que a criatura humana se *afastou* do deus criador ao adquirir o conhecimento, como no mito de Prometeu. Na simbologia judaico-cristã, temos a *Árvore do Bem e do Mal*, cujo fruto, consumido por Adão e Eva, determinou a expulsão deles do Paraíso. Já em outras mitologias, como na dos babilônios, o deus Marduk é o mesmo criador do Universo e aquele que concedeu à sua criatura a inteligência e a capacidade de construir uma civilização. Essa diferenciação da criatura em relação ao criador, por via do conhecimento, é um ponto interessante e bastante sugestivo que merece alguma reflexão.

- Há heróis e heróis... Na mitologia grega, heróis como Hércules eram modelo de força, de coragem, mas não de virtude. Só que o *herói virtuoso* é uma exigência da maioria dos produtos da cultura de massas: eles defendem o Bem, a Justiça, o Estado e a Ordem.

Isso os torna mais, ou menos, heroicos? Mais, ou menos, interessantes? Esse dado pode nos dizer alguma coisa sobre a *mitologia contemporânea*?

- Diferentes concepções sobre o que existe *depois da vida* levam a diferentes posturas em relação à morte. Para os gregos, existiria apenas o horror. Para religiões como o catolicismo e as demais religiões cristãs, há o inferno para os pecadores e os céus para os justos, sendo que todos ressuscitariam e seriam julgados, daí para toda a Eternidade, no Dia do Juízo Final. Para religiões espíritas e para o budismo, a morte é uma transição para outra vida, e a reencarnação é um fato, ratificado também por esotéricos que se dedicam ao estudo e culto de vidas passadas e à comunicação com os espíritos. Haveria uma influência da *nossa* ideia da morte em nosso cotidiano? Em nossa vida pessoal e em nossa concepção social de realidade?

- As tragédias gregas alcançaram seu auge num momento em que os mitos já eram vistos como tal, como uma referência cultural, uma tradição presente sutilmente no cotidiano, mas mesmo assim lendária. Era um momento em que nascia a filosofia ocidental, em que a matemática e a arquitetura buscavam uma perfeição... que se equiparasse à dos deuses. No entanto, a permanência do impacto dessas peças em seu público do século V a.C. demonstra uma forte tensão metafísica na consciência de mundo daqueles indivíduos. Uma preocupação, ou pelo menos uma referência, com o mundo que transcende a matéria. Trata-se de uma ordem de problemas tais como: de onde viemos? Por que estamos aqui? Quem somos, afinal?... Para onde vamos? Essas questões são menos importantes no mundo globalizado e tecnológico contemporâneo? A falta dessa reflexão, em confronto com nossos atos e posturas diante das coisas do mundo, alteraria nossa vida? Como?

- A concepção de *sacrifício* — de sacrificar-se como obrigação pelo filho ou filha, por amor, pelo ser amado — é uma discussão existencial e ética muito forte em *Alceste*. Mas que, naturalmente, está presente em nossas vidas... Como? Releia com atenção o forte diálogo do confronto entre Admeto e Feres. É possível tomar um partido naquela discussão? A partir de que princípios? E a própria postura de Admeto, que permitiu o sacrifício de sua esposa? Ele se arrependeu depois, mas o que levaria moralmente, nos dias de hoje, a se aceitar uma postura pelo menos semelhante? Ou ela seria inaceitável?

- Sabendo a punição que sofreria, Prometeu mesmo assim cometeu um ato de rebeldia em relação a Zeus, por amor à humanidade. Ou por um ideal. Posições idealistas, e a própria rebeldia, se constituíam em *modelo de pessoa* — e de consciência — nas décadas de 1960 e 1970 do século XX. Mas foram abalroadas pelo pragmatismo dos anos 1990 e deste princípio do século XXI. Entretanto, continuam merecendo uma reflexão profunda, diante das questões de nossa contemporaneidade.

- Ainda vivemos num tempo de deuses, monstros e heróis? De profecias e predestinação?

Este livro foi impresso no
Sistema Digital Instant Duplex da Divisão Gráfica da
DISTRIBUIDORA RECORD DE SERVIÇOS DE IMPRENSA S.A.